Ostfriesland erzählt

Hermann Gutmann

Ostfriesland erzählt

Geschichte und Geschichten

EDITION TEMMEN

Die Deutsche Bibliothek verzeichnet diese Publikation in der Deutschen Nationalbibliothek; detaillierte bibliografische Daten sind im Internet über http://dnb.ddb.de abrufbar.

Titelillustration: Peter Fischer

© Edition Temmen 2011
Hohenlohestr. 21 – 28209 Bremen
Tel. 0421-34843-0 – Fax 0421-348094
info@edition-temmen.de
www.edition-temmen.de

Alle Rechte vorbehalten
Herstellung: Edition Temmen
ISBN 978-3-8378-1105-6

Inhalt

Moin! 7

König Radbod wollte in die Hölle –
   da hatte er seine Verwandten 11

Die Theelacht in Norden erinnert an
   eine große Schlacht gegen die Normannen ... 15

Im Mittelalter wurden die Ostfriesen
   von Häuptlingen regiert 20

Mit Veilchen und Butterblumen wird
   der Brautpfad gelegt 26

Junker Balthasar foppte die Bremer 28

Der Bär von Esens 33

Der Gesangbuchstreit in Esens 36

Die Frauen von Borkum überlisteten
   die Piraten 38

Prinzessin Wiesmoor und Rauchschwaden
   über Wien 41

Wer »in de Bibel« war, der konnte lesen 49

Zufall oder Skandal: Viele Greetsieler tragen
   eine Hohenzollern-Nase mitten im
   Gesicht 51

Die Reisenden mussten sich auf
   den Boden legen 57

Als der Fürst von Schaumburg-Lippe
   die Wildkaninchen von Langeoog
   ausrotten wollte 59

Auf Kaiser Wilhelms Platz hockt
   heute eine Möwe 62

Ostfriesische Umgangsformen 68
Für den Seemann war der Ohrring
   nicht nur Schmuck 69
Emden wurde Hamburg zu teuer 71
Der Weinkeller der Ostfriesen
   befindet sich in Leer 76
Osterspiele auf dem Plytenberg 79
Ostfriesen lieben Aprilscherze 81
Boßeln ist der Wintersport der Ostfriesen 84
Das Martinsfest galt als friesischer Karneval 87
Der Klaasohm von Borkum wohnt
   unter dem Meeresboden 89
Im Puppkees steckte Trinkgeld für
   die Hebamme 92
Wo kommen die vielen Janssens her? 94
Ginge es nach den Ostfriesen, wäre
   »Bessensmieten« eine olympische Disziplin ... 96
Wann arbeiten die Ostfriesen? 98
Der Regenschuur 100
Klares Wasser für die Blumen 101
Ostfriesische Gemütlichkeit hält stets
   ein Tässchen Tee bereit 103
Der Autor 109

Moin!

Die Ostfriesen begrüßen einander mit »Moin!«.

Wenn sie aber zur Geschwätzigkeit neigen, sagen sie »Moin! Moin!«.

Das kommt allerdings selten vor. Denn Ostfriesen, schon gar, wenn sie unter sich sind, schwatzen nicht. Sie praten. Aber das ist etwas ganz anderes als schwatzen. Praten ist, wenn sich Ostfriesen unterhalten.

Wenn ein Ostfriese einen anderen Ostfriesen trifft, sagt er: »Moin!« Und der andere sagt auch »Moin!«. Wenn die beiden auseinandergehen, sagen sie ebenfalls »Moin«. Dazwischen herrscht beredtes Schweigen.

Einmal wurde ein Ostfriese von seinem Neffen zum Stammtisch begleitet.

Man begrüßte einander.

»Moin!«

»Moin!«

»Moin!«

Mitten im Schweigen sagte der Neffe: »Schönes Wetter heute, nicht?«

Als sie auseinandergingen, sagten sie:

»Moin!«

»Moin!«

»Moin!«

Beim nächsten Treffen sagte einer zu dem, der voriges Mal in Begleitung seines Neffen gekommen war: »Du, deinen Neffen brauchst du nicht wieder mitzubringen. Der redet zu viel.«

Anders verhalten sich die Ostfriesen gegenüber Touristen oder ähnlichen Fremden. In solchen Fällen legen die Ostfriesen Wert darauf, einen guten Eindruck zu machen. Denn Kommunikation ist heutzutage die »halbe Miete«. Viele Ostfriesen leben davon, Zimmer an Feriengäste zu vermieten.

Wir möchten Sie deswegen in diesem Vorwort – denn ein Vorwort gehört nun einmal zu einem vollständigen Buch – mit einem freundlichen »Moin! Moin!« begrüßen.

Damit aber stehen wir bereits am Ende dieses Vorwortes. Denn was soll man sonst sagen – in einem Vorwort?

Keine Ahnung!

Außerdem hat dieses spezielle »Moin! Moin!«-Vorwort den Vorteil, dass man es morgens, abends und überhaupt den ganzen Tag über lesen kann.

Denn »Moin!« sagen die Ostfriesen zu allen Tageszeiten.

Nun dürfen Sie aber nicht denken, dass die Ostfriesen Morgen und Abend nicht voneinander unterscheiden können. Sie können es, obwohl sie von morgens früh bis abends spät ihren geliebten Tee trinken. Da kann man schon mal mit der Tageszeit durcheinanderkommen.

Dennoch hat man sich in Ostfriesland Gedanken über die tatsächliche Bedeutung dieses Grußes gemacht.

Er könnte nämlich aus der »Guten Morgen«-Ecke kommen. Oder aus der niederländischen Ecke, wo »mooi« immerhin »schön« bedeutet?

Sollte sich »Moin!« aus einem »Schönen Tag«-Gruß entwickelt haben?

In alten Unterlagen aus dem Jahre 1987 fand sich ein wissenschaftlicher Beitrag des damals in Aurich lebenden Wissenschaftlers Dr. Jürgen Byl. Er hatte sich zu dem »Moin«-Thema geäußert.

Nach Byl ist das gemütliche »Moin!« zum ersten Male in den zwanziger Jahren des 20. Jahrhunderts in der ostfriesischen Literatur aufgetaucht. Und zwar in der Form »moien«, was, wie Byl schreibt, auf das plattdeutsche »mörgen« verweist.

Er fügt hinzu: »Ganz deutlich ist es eine Abkürzung von ›Gun Mörgen!‹, wie es noch im 19. Jahrhundert bei unserem Nationaldichter Enno Hektor heißt.«

Enno Hektor hat, das zur Erläuterung, unter anderem das ostfriesische Heimatlied »In Ostfreesland is't am besten« geschrieben, was im Übrigen schon reichte, um ihn zum Nationaldichter zu küren.

Byl kommt in seinem Beitrag auf die in den Niederlanden lebenden Westfriesen zu sprechen, die einander mit »Goeden moarn!« begrüßen und das häufig abkürzen, wie das bei Begrüßungsformen üblich ist. Sie sagen »Moarn!«. Das »Goeden« wird aus Sparsamkeitsgründen weggelassen.

In diesem Zusammenhang erinnert Byl an die Helgoländer, in deren sehr spezieller friesischer Mundart der morgendliche Gruß »Mörn!« lautet.

Dass das »Moin!« inzwischen für alle Tageszeiten gewünscht wird, erklärt sich nach Jürgen Byl in dem nicht mehr vorhandenen oder etwas heruntergekommenen menschlichen Langzeitgedächtnis.

»Moin!« wird nicht mehr als »Morgen« verstanden. Es ist eine allgemeine Begrüßungsformel geworden.

Byl: »Wenn man den süddeutschen und allgemeinen Wandergruß ›Servus‹ benutzt, meint man ja auch nicht wörtlich, man bekenne sich als Sklave (lat. servus) des anderen – obwohl dies der ursprüngliche Sinn war.«

Wir dürfen davon ausgehen, dass mit den Byl'schen Untersuchungen die Herkunft des Wortes »Moin!« eindeutig erklärt und geklärt worden ist. Die Frage ist damit endgültig vom Tisch.

Die Ostfriesen, so viel ist klar, wünschen auch abends einen »Guten Morgen!« und haben damit die Menschen in großen Teilen des deutschen Nordens angesteckt. Es kann also passieren, dass man in der äußersten Ecke Schleswig-Holsteins, in Flensburg, mit »Moin« begrüßt wird.

Dennoch, um bei den Ostfriesen zu bleiben: Sie wissen jedenfalls immer, was die Stunde geschlagen hat.

Moin! Moin!

König Radbod wollte in die Hölle – da hatte er seine Verwandten

Der Friesenkönig Radbod, der im Jahre 719 gestorben ist, war ein Intimfeind des fränkischen Hausmeiers Pippin des Mittleren (gestorben 714).

Ärgerlich für Radbod war, dass Pippin über ein schlagkräftiges Heer verfügte. Dies siegte über sein eigenes, und anschließend musste König Radbod auch noch zusehen, wie Pippin ihm Westfriesland raubte.

Nach Pippins Tod hatte es Radbod mit dessen Sohn Karl Martell zu tun, der allerdings zunächst noch damit beschäftigt war, seine Macht zu stabilisieren und seine Konkurrenten auszuschalten, was damals mit Waffengewalt geschah. Heute wird gemobbt.

Karl Martell konnte auf diese Weise nicht verhindern, dass Radbod mit seinem Heer bis nach Köln vordrang. Vielleicht wollte Karl es auch gar nicht, weil seine böse Stiefmutter Plektrudis sich in Köln eingeigelt hatte.

In dem unvermeidlichen Krieg zwischen den Friesen unter König Radbod und den Franken unter Karl Martell ging es unter anderem – und vor allem für die Geschichtsbücher – um Glaubensfragen. Die Friesen waren noch Heiden, die Franken schon Christen.

König Radbod konnte dem Christentum nichts abgewinnen. Für ihn bedauerlich war allerdings, dass sich das Christentum in Friesland seit etwa hundert Jahren unaufhaltsam auf dem Vormarsch befand.

Deshalb nahm er auch mit großer Reserve den Besuch des von Karl Martell zu ihm entsandten Bischof Wulfram zur Kenntnis.

»Wat will de Kerl?«, fragte sich Radbod und beschloss, dem geistlichen Herrn eine heidnische Gala-Vorstellung zu geben. Wulfram sollte dabei sein, wenn er seinen Göttern ein Opfer brächte.

Geopfert werden sollten Kinder. Das Los traf zwei Brüder von sieben und fünf Jahren. Sie wurden bei Ebbe in der Nordsee auf eine Sandbank gesetzt, die von der steigenden Flut zunächst umflossen und dann – wie bei jeder Flut – vom Wasser bedeckt wurde.

Schweigend saßen der König und die Vornehmen des Volkes und warteten, dass die See ihr Opfer nähme. Die Flut schwoll und umplätscherte bereits die Füße der Kinder.

Dies beobachtete Wulfram, und in der tiefen Stille hört man plötzlich seine Worte: »Es ist nicht recht, dass Menschen, die Gott zu seinem Bilde geschaffen hat, den falschen Götzen geopfert werden!«

Wulfram wandte sich an den König und sagte: »Schenk mir die Kleinen!«

Radbod blickte den Geistlichen zornig an und rief höhnisch: »Wenn dein Gott Christus sie noch zu retten vermag, so sollen sie dein sein.«

Wulfram kniete nieder und betete laut um göttlichen Beistand.

Und siehe da, die Flut machte einen außerplanmäßigen Bogen um die Sandbank. Unerwartet setzte die Ebbe ein.

Der Bischof schritt ungefährdet zu den Kindern, trug sie auf seinen Armen ans sichere Ufer und nahm sie ohne weitere Umstände mit. Er brachte sie in ein Kloster, wo sie zu Christen erzogen wurden. Was aus ihnen geworden ist, wissen wir nicht.

Nach dieser misslungenen Opfergabe wurde König Radbod nachdenklich.

Schließlich, nach etlichen Gesprächen mit dem Bischof Wulfram, beschloss er, sich taufen zu lassen.

Mit einem Fuß stand er schon in der Taufzisterne, da fiel ihm noch eine wichtige Frage ein.

»Auf ein Wort, Bischof!«, sagte er. »Ich möchte wohl wissen, wohin meine Vorfahren, die altfriesischen Herzöge und Könige, nach ihrem Tode gekommen sind. In den Himmel oder in die Hölle?«

Wulfram überlegte einen Augenblick. Dann verplapperte er sich. Er meinte: »Deine Vorfahren waren Heiden. Als Ungetaufte sind sie ohne Zweifel in die Hölle gefahren. Wohin sonst?«

Da zog Radbod seinen Fuß aus der Taufzisterne zurück und kleidete sich langsam wieder an.

»Dschja«, sagte er. »Wenn das so ist. So will ich lieber mit meinen tapferen Vorfahren in der Hölle schmoren, als mit euch armseligen Christen und kahlen Mönchen in eurem Christenhimmel fromme Lieder singen.«

Dabei ist es geblieben.

Nur wenige Tage später starb der König unbekehrt.

Noch heute gibt es im Fanggarten der Vogelwarte auf dem Oberland der Insel Helgoland eine Wasser führende Kuhle, die der Helgoländer Sapskiil nennt – Sapskuhle.

An diesem Wasser soll sich – so wurde noch im 19. Jahrhundert auf Helgoland erzählt – die verhinderte Taufe des Königs Radbod zugetragen haben.

Diese Geschichte geriet aber in Vergessenheit, weil die Helgoländer die Sapskuhle für andere Zwecke benötigten. Denn aus der Sapskuhle, so wurde den Helgoländer Kindern erzählt, kamen die kleinen Kinder.

Im Zeitalter der Aufklärung hat sich auch das erledigt.

Die Theelacht in Norden erinnert an eine große Schlacht gegen die Normannen

Schlagfertig den Missionaren gegenüberzutreten, war die eine Sache – mit Normannenüberfällen fertig zu werden dagegen etwas ganz anderes. Immer wieder kamen die Krieger mit ihren schlanken Booten über die Nordsee und quälten die inzwischen getaufte Bevölkerung. So waren die Männer und Frauen im nordwestlichen Ostfriesland genötigt, beim Verlassen ihrer Kirchen stets eine eigens für diesen Zweck installierte überaus niedrige Öffnung in der Nordmauer der Kirche zu benutzen. Auf diese Weise wurden sie gezwungen, sich nach jedem Gottesdienst nach Norden hin zu verneigen, dorthin also, wo der König der Normannen lebte.

Diese sogenannten Normannentore und die vielen anderen Demütigungen, mit denen die siegreichen Normannen die von ihnen unterworfenen Ostfriesen drangsalierten, führten zwangsläufig zu einer Revolte.

Sie brach im Jahre 884 aus.

Auslösendes Ereignis war eine Reise des Erzbischofs Rembert von Bremen (865–888) durch sein Bistum, zu dem auch Ostfriesland gehörte. Rembert kam bei dieser Gelegenheit in den Kirchort Norden, den Adam von Bremen, der im 11. Jahrhundert lebende Chronist des Bremer Erzbistums, »Nordwiede« nannte.

In Norden wurde ihm, dem Rembert, die Not der Menschen geschildert und ihre Leiden unter der

Knute der Normannen, die in die Flussmündungen vorstießen und an den Ufern rechts und links alles niedermachten, was sich ihnen in den Weg stellte.

Der geistliche Oberhirte hörte sich die Sorgen seiner Schäfchen an und ermutigte sie, ihre Sache notfalls mit Waffengewalt zu vertreten. Er selbst, der aus gottgefälligen Gründen keine Waffen in die Hand nahm, sondern sie allenfalls segnete, kniete nieder, um Gottes Segen für einen möglichen Aufstand gegen die normannischen Heiden zu erbitten.

Als er sich danach erhob, hatten seine Knie tiefe Eindrücke in dem Stein, auf dem er gekniet und sein Gebet gesprochen hatte, hinterlassen.

Das nahmen die Ostfriesen als ein Zeichen des Himmels. Sie fackelten also nicht lange und schlugen los, als die Normannen mal wieder in der Hilgenrieder Bucht bei Norden landeten, um – wie gewohnt – zu rauben und zu plündern.

Mit Äxten, Knüppeln, Schwertern und Lanzen fielen die Norder Bauern über ihre Quälgeister her und machten alles nieder.

»Zehn tausend dreyhundert sieben und siebenzig« Normannen, Adam von Bremen nennt diese Zahl, sollen in einer acht Tage dauernden Schlacht gefallen sein. Außerdem fanden viele, »welche ihr Heil in der Flucht suchten, bey dem Durchgange durch die Flüsse daselbst ihren Tod«.

Adam von Bremen bezog sich auf eine Schrift des Abtes von Corvey, Bono, und schrieb: »Dies ist die, von dem Verfasser uns hinterlassene Beschreibung des Wunders, welches durch die ausgezeichneten Verdienste des heiligen Rimbertus bewirkt wurde, dessen Angedenken bey dem friesischen Volke in hoher Achtung steht. Sogar der Hügel, worauf der Heilige während der Schlacht betete, ist seiner immer grünen Rasen wegen merkwürdig.«

Es soll hier nicht die Wirksamkeit der Gebete des heiligen Rembert infrage gestellt werden. Das steht uns nicht zu. Doch so ganz ohne die Kraft und die Schlagfertigkeit der Ostfriesen konnte die Schlacht bei Norden nicht gewonnen werden.

So ist heute in Norden kaum noch von Rembert die Rede, dafür aber mehr von der Theelacht, die nach der Schlacht von den Bauern aus Norden gegründet wurde, von Bauern, die an dem Freiheitskampf teilgenommen hatten.

Die Theelacht ist die älteste bäuerliche Gemeinschaft in Europa, wenn nicht sogar in der ganzen Welt. Ihren Sitz hat sie heute im historischen Rathaus von Norden. Denn als das Rathaus Mitte des 16. Jahrhunderts gebaut wurde, war die Theelacht schon 700 Jahre alt.

Jene Bauern nämlich, die sich damals während der Normannenschlacht besonders ausgezeichnet und sie überlebt hatten, erhielten als Lohn für ihre heroischen Taten ein großes Stück Land an der Hilgenrieder Bucht, wo die Schlacht gegen die Normannen begonnen hatte, als Gemeinschaftseigentum zugesprochen.

Bis zum heutigen Tag wird der Pachtzins aus diesen Ländereien zweimal im Jahr – vor Ostern und vor Weihnachten – in der Theelkammer an die »Arfburen«, die Erbbauern, und an die »Koopburen«, die Kaufbauern, verteilt.

Denn inzwischen ist die Theelacht eine Zweiklassengesellschaft geworden. Da sitzen die Erbbauern, die etwas Besseres sind, worauf sie großen Wert legen, an einem besonderen Tisch. Und da sitzen die Kaufbauern am Katzentisch, was sie nicht davon abhält, das große Wort zu führen.

Die Kaufbauern haben ihre Ursprünge vor allem in der Zeit des Dreißigjährigen Krieges (1618 – 1648), als mancher Erbbauer seinen Erbanteil verpfänden musste und nicht wieder auslösen konnte, weil ihm die Mittel fehlten.

Es ist freilich von den einst beachtlichen Zinsbeträgen, die zweimal im Jahr ausgezahlt werden, allenfalls ein Euro für jeden übrig geblieben. Doch ums Geld geht es schon lange nicht mehr. Wichtig ist einzig und allein die Pflege einer Tradition.

Mitglied in der Theelacht, ein Name, der sich aus »Teil« und »Gemeinschaft« zusammensetzt, kann nur werden, wer seine Abstammung in direkter Linie auf einen Teilnehmer an der Normannenschlacht zurückführen kann. Außerdem kann man durch Heirat mit der Tochter eines Erbbauern und durch Kauf von Erbanteilen Mitglied werden.

Die Mitglieder treffen sich am Tag der Versammlung um 12 Uhr im Rathaus am offenen Kaminfeuer und bei Petroleum- und Kerzenlicht. Unter ihnen sind auch Frauen, die allerdings die Versammlung um 15 Uhr, nach der Teezeit, verlassen müssen.

Die Theelachter trinken Bier aus weidenumflochtenen Buchenholzbechern und rauchen aus langen weißen Tonpfeifen, wie es der Brauch ist seit Generationen. Der Tabak wird mit langen Fidibussen aus Papier zum Glühen gebracht. »Amtssprache« ist das Nörder Platt, das für Fremde sehr schwer zu verstehen ist.

Wer in die Theelacht aufgenommen werden will, der muss sich einer strengen Prüfung unterziehen und am flackernden Kaminfeuer den versammelten »Arfburen« Rede und Antwort stehen. Am Ende der Prüfung wird dann die Aufnahme mit einem Umtrunk besiegelt.

Wie viel Becher Bier der Neue trinken muss, entscheidet der Theelwürfel.

Dreimal muss der Neue würfeln. Am Ende ruft der Syndicus:

»Dreemol sess!«

Aber dreimal sechs ist nichts Ungewöhnliches: Seit vielen Hundert Jahren würfeln die neuen Mitglieder der Theelacht immer dreimal sechs. Das geht gar nicht anders, denn die Theelwürfel haben auf allen sechs Seiten sechs Augen.

Wer die 18 Becher Bier nicht schafft oder nicht zu schaffen glaubt, muss sich freikaufen. Er muss allen Arfburen barhäuptig aus einer Zinnkanne die Becher füllen und außerdem einen Geldbetrag in die Theelkasse zahlen.

Danach wird »op Theelachts Wohlfoahrt« getrunken, und der Neue gehört für alle Zeiten dazu.

Im Mittelalter wurden die Ostfriesen von Häuptlingen regiert

Wer Bekanntschaft mit Ostfriesland schließt, ist sicherlich zunächst etwas irritiert, wenn er vor einer der alten Burgen steht, von denen es heißt, es seien die Burgen von Häuptlingen gewesen.

Häuptlinge? Wieso Häuptlinge?

Indianer haben Häuptlinge. Sind Ostfriesen Indianer?

Eigentlich nicht.

Aber im Mittelalter wurden die Herren in Ostfriesland Häuptlinge genannt, was allerdings nicht von Anfang an so war.

Die Friesen wurden erstmals im Jahre 12 v. Chr. von den Römern erwähnt. Damals schloss der römische Feldherr Nero Claudius Drusus, der später den Siegertitel »Germanicus« erhielt und von 38 v. Chr. bis 9 v. Chr. lebte, mit den Friesen Verträge ab. Von Häuptlingen war zu dieser Zeit nicht die Rede.

Die Friesen lebten in einem Kerngebiet zwischen Niederrhein und Ems. Sie gehörten zu den Nordseegermanen und wohnten zum Teil an der Küste auf Wurten.

Wie man sich das Leben auf diesen Wurten vorstellen musste, hat uns Gaius Plinius Secundus der Ältere (23 oder 24 bis 79 n. Chr.) hinterlassen.

Plinius, Offizier und Schriftsteller, verfasste Berichte über seine Reisen nach Gallien, Germanien, Spanien und Afrika und veröffentlichte sie für seine nicht ganz so mobilen Landsleute in Rom und andernorts.

Eine dieser Reisen führte ihn in den Norden Germaniens. Dort, wo sich die »ungeheure See« zweimal des Tages und zweimal des Nachts über das Land ergießt und wieder abfließt, traf er merkwürdige Menschen, über deren Lebensgewohnheiten er süffisant berichtete.

Er schrieb: »Dort wohnt das armselige Volk teils auf Hügeln, teils auf Wurten, welche sie so hoch aufgeworfen haben, als die Flut steigt. Man möchte ihre Häuser für Schiffe halten. Doch haben sie bei Ebbe den Gewinn, dass sie die von der See angetriebenen Fische, wohl auch Muscheln, Krabben, Granaten bei ihren Wohnungen fangen oder sammeln können.

Moorige Erde trocknen sie mehr am Wind als an der Sonne, brennen sie und bereiten daran ihre Speise und wärmen ihre Glieder. Ihr Trank ist Regenwasser, welches sie in Gruben auffangen.«

Was Plinius nicht erzählte: Die weiter landeinwärts lebenden Menschen waren bekannt als Viehzüchter und Händler.

Im 6. Jahrhundert bekamen die Friesen Ärger mit den Franken, die versuchten, sie zu unterjochen. Im 7. Jahrhundert dehnten sich die Friesen – sozusagen als Ostfriesen – über die Ems aus. Einige von ihnen zogen weiter nach Norden und gründeten Nordfriesland, das heute zu Schleswig-Holstein gehört. Aus jener Zeit ist uns auch der bereits erwähnte Friesenkönig Radbod bekannt, der vor allem ein Heerführer war.

Zusammengeschlossen waren alle Friesen in einem Freiheitsbund. Ihr alljährlicher Treffpunkt war der Upstalsboom. Dabei handelte es sich um einen Hügel bei Aurich, den es noch heute gibt. Er gilt als friesisches Nationalheiligtum. Der Name hat offenbar keine besondere Bedeutung. Es ist ein Flurname. Der Platz soll einmal von uralten Eichen umsäumt gewesen sein, die bereits im 19. Jahrhundert Baumruinen waren – wird erzählt.

Am Upstalsboom wurden Gesetze beraten und die allgemeinen Probleme der Friesen erörtert.

Von diesem Versammlungsort aller friesischen Völker berichtete schon der römische Geschichtsschreiber Cornelius Tacitus (55 bis etwa 116). Er schrieb:

»In der Versammlung setzt sich jeder, wie es ihm beliebt, und zwar mit Waffen, nieder. Missfällt ein Antrag, so wird er mit Murren verworfen. Findet er Beifall, so rasselt man mit den Speeren. Dieses Waffenklirren ist die ehrenvollste Art der Zustimmung.«

Die Treffen fanden an bestimmten Tagen statt. Im Allgemeinen war der Dienstag, der dem Schwert- und Kriegsgott geweiht war, Upstalsboom-Tag. Es sollte aber möglichst bei Neu- oder Vollmond sein. Denn diese Zeiten galten als die segensreichsten bei Staatsgeschäften.

Zum Upstalsboom zog es die Friesen vor allem, wenn sie ihre Freiheit bedroht sahen. Das Wort »zum Upstalsboom gehen« hieß zeitweise nichts anderes als: sich zu versammeln, um die Freiheit zu verteidigen.

Aber eben nur zeitweise.

Häufig ging es – wie schon gesagt – um allgemeine Themen des täglichen Lebens, und so kamen nicht alle Friesen zu den Versammlungen am Upstalsboom.

Viele von ihnen konnten sich die lange Reise nicht leisten, sie wurden zu Hause gebraucht. Andere waren aus diesen oder jenen Gründen verhindert. Dritte hatten keine Lust.

Die Gruppe derjenigen, die sich die Reise – aus welchen Gründen auch immer – schenken wollten, wählte Vertreter, die mit allen nötigen Vollmachten ausgestattet wurden.

Und wie das so ist: Diese Vertreter des Volkes nahmen sich im Laufe der Zeit immer mehr Rechte heraus, was ihnen nicht schwerfiel. Sie wussten durch ihre Abgeordnetentätigkeit mehr als die anderen und brachten es dadurch allmählich zu Einfluss, Macht und Reichtum.

Diese Entwicklung schloss damit ab, dass die Abgeordneten ihre Herrschaft – häufig auch mit Gewalt – nicht nur erweiterten, sondern auch vererbten: Die Häuptlingsfamilien betraten die »weltgeschichtliche« Bühne – zumindest in Ostfriesland. Noch heute sind die Häuptlingsnamen bekannt und sehr lebendig.

Die Häuptlinge residierten in kleinen Burgen. Das waren feste Steinhäuser, von denen es noch etliche in Ostfriesland gibt.

Weithin bekannt sind unter anderen die Lütetsburg unweit der Stadt Norden und die beiden Burgen in Dornum, die um 1400 erbaut wurden, wobei die Norderburg mehrfach umgebaut wurde und eine barocke Fassade erhielt, während die Beninga-Burg ihr altes Backstein-Gesicht bewahrt hat.

In Krummhörn haben sich die Burg in Pewsum und die Osterburg in Groothusen, die im späten 15. Jahrhundert errichtet wurde, erhalten. Erste Bewohnerin der Osterburg war Frau Reinste Remetsna, die Witwe des Beno Lyawes von Groothusen.

Die Burg in Pewsum wurde 1458 von dem Häuptling Poppo Maninga erbaut. Von dieser Burg ist noch ein wesentlicher Teil als »Alte Burg« erhalten geblieben. Poppos Nachfolger ließ die Burg mehrfach und mit großem Aufwand erweitern, bis er pleite war.

Der Häuptling und Graf Edzard II. von Ostfriesland kaufte die Burg, die später als Sommersitz genutzt wurde. Seit dem Jahre 1662 diente sie als Witwen-Sitz der Prinzessin Christine Charlotte von Württemberg-Teck. Sie war die Frau des ostfriesischen Fürsten Georg-Christian. Sie ließ einen neuen Gebäudeteil im Barockstil errichten und den Nordflügel der Burg umgestalten.

Nach ihrer Zeit – seit 1685 – lebte Prinzessin Eberhardine Sophie von Öttingen, die Witwe des Fürsten Christian Eberhard der Friedsame, auf der Burg. Mit ihrem Tod war die große Zeit der Burg vorbei.

Die letzte bedeutende ostfriesische Häuptlingsfamilie, deren Oberhaupt den Titel eines Fürsten von Ostfriesland trug, starb im Jahre 1744 aus. Der letzte Fürst war Carl Edzard. Er starb kinderlos.

Damals fiel Ostfriesland an das Königreich Preußen.

Dort regierte zu jener Zeit der Hohenzollernkönig Friedrich II. (1712 – 1786), der – ohne Sinn für spätere Touristenattraktionen – fast alle Burgen des Landes schleifen ließ. Aber Gott sei Dank eben nur »fast« alle.

Aus den Steinen der Burg Greetsiel ließ er zum Beispiel den Hafen des Ortes bauen, mit dem den Baumeistern des Königs aber immerhin einer der schönsten Häfen im Nordwesten gelungen ist.

Mit Veilchen und Butterblumen wird der Brautpfad gelegt

Am Himmelfahrtstag gibt es in Aurich den Brauch, dass junge Mädchen Veilchen und Butterblumen pflücken, um mit ihnen Brautpfade zu legen. Es sind kunstvoll gestaltete Pfade, mit denen die Mädchen den Frühling begrüßen. Das Brautpfadlegen ist ein uraltes Naturfest, um das sich aber eine traurige Sage rankt.

Danach wollte eine Prinzessin aus dem Hause Cirksena am Himmelfahrtstag vor rund gerechnet 400 Jahren Hochzeit feiern. Für die Hochzeit war alles gerüstet, und der Bräutigam, ein Prinz aus einem benachbarten Land, war auf dem Weg nach Aurich, das sich zur Feier des Tages festlich geschmückt hatte. Denn die Prinzessin war im Volke sehr beliebt.

Das junge Mädchen aber konnte die Zeit nicht abwarten, um ihren Prinzen in die Arme zu schließen. Sie eilte auf den Turm des Schlosses, um – wie es hieß – »in bräutlicher Erwartung die Ankunft des Erwählten zu erspähen«.

Auf der weiten flachen Ebene machte sie einen Reitertross aus, bei dem es sich um den Prinzen und sein Gefolge handeln musste. Sie ließ ein rotes Tüchlein flattern, um ihrer Freude über die Ankunft des Prinzen Ausdruck zu geben.

Das Zeichen wurde bemerkt. Ein Reiter, es war der Prinz, löste sich von der Truppe und sprengte dem Gefolge voraus. Dabei ritt er, um den Weg abzukürzen, durch ein nahezu undurchdringliches Gehölz.

Plötzlich hörte man aus dem Dickicht Schüsse. Nach kurzer Zeit erschienen Pferd und Reiter wieder auf dem freien Feld. Aber der Reiter hing leblos im Steigbügel.

Sein verschrecktes Pferd sprengte im rasenden Galopp in den Schlosshof – den blutüberströmten Körper des Prinzen mit sich schleppend.

Die Prinzessin, die Zeugin des schrecklichen Vorfalles gewesen war, fand man später bewusstlos auf der Wendeltreppe zum Turm. Sie kam nicht wieder zu sich und folgte ihrem Bräutigam nach wenigen Tagen in den Tod.

Der letzte Weg der im Tode Vereinten führte auf einem von den Kindern gelegten Blumenpfad entlang.

Das Attentat ging auf das Konto eines früher abgewiesenen Bewerbers der Prinzessin. Der rachsüchtige Bursche hatte ein paar unselige Kerle engagiert, um den Prinzen zu töten.

Junker Balthasar foppte die Bremer

Der letzte Häuptling des Harlinger Landes war zugleich auch der wohl umstrittenste: Junker Balthasar, der Sohn von Hero Omken, der selbst als Räuberhauptmann galt. Doch im Vergleich zu seinem Sohn soll er »ein klug-verständiger Mann« gewesen sein, wie ihm in einem zeitgenössischen Charakterbild bescheinigt wurde.

Hauptsitz des Harlinger Landes war und ist die Stadt Esens. Dort residierte auch der Junker Balthasar.

Balthasar legte sich mit fast allen seinen Nachbarn an. Mitunter zog er dabei den Kürzeren, was ihm aber nichts ausmachte. Schwer traf ihn allerdings der Korb, den er von Fräulein Maria, der Herrscherin von Jever, einhandelte. Sie sagte »Nee!«, als er ihr einen Heiratsantrag machte. Das hat er ihr nie verziehen.

Sein besonderer Hass konzentrierte sich aber auf die Hansestadt Bremen. Die Bremer waren für ihn nichts anderes als Pfeffersäcke.

Wo immer er die Bremer zwicken konnte, er ließ die Gelegenheit nicht vorübergehen, was offenbar genbedingt war. Balthasar war nicht nur der Sohn des »Räuberhauptmanns« Hero. Hero seinerseits war mit einer Tochter des oldenburgischen Grafen Gerd verheiratet. Sie wurde Balthasars Mutter, sodass also in Balthasar auch das Blut des Grafen Gerd floss. Gerd aber ist als »Bremen-Fresser« in die Geschichte der Städte Oldenburg und Bremen eingegangen.

Bremen und Balthasar – das konnte also nicht gut gehen, zumal Balthasar, der von 1522 – 1540 regierte, mit seinen Leuten mehr als hundert Jahre nach dem Tode des Piraten Störtebeker die Nordsee unsicher machte. Eine unmögliche Situation, zumal man in den Hansestädten glaubte, dass sich die Piraterie in der Nordsee mit dem vom Henker herbeigeführten Tode Störtebekers auf dem Hamburger Grasbok erledigt hatte.

Das war ein ärgerlicher Trugschluss. Im Jahre 1525 hatte zum Beispiel Balthasar in einem Vertrag mit Bremen zwar auf die Seeräuberei verzichtet. Doch dieser Vertrag hielt gerade mal zehn Jahre.

Eines Tages hatte sich ein Bremer Schiff im Watt vor der Küste Harlingens festgefahren und war bei aufkommender Flut nicht wieder flott geworden. Eine solche Gelegenheit ließ sich Balthasar nicht nehmen. Das hilflose Schiff wurde geplündert.

Als sich die Bremer beschwerten, brachten die aus Esens ein weiteres Bremer Kauffahrteischiff auf, das 182 Kisten Zucker geladen hatte.

Das Schiff wurde so weit wie möglich vor die Stadt geschleppt und der Zucker unter der Bevölkerung von Esens verteilt. Die Kinder sangen begeistert: »Zucker, Zucker, nichts als Zucker – und alles umsonst!« An die Melodie kann sich keiner in Esens mehr erinnern.

Die Bremer erhoben laute Klage, was der Junker Balthasar mit der Bemerkung vom Tisch wischte, das Schiff habe sich führerlos treibend in der See befunden. Warum das Schiff führerlos war, sagte der Junker nicht. Wahrscheinlich war es von seinen Leuten geentert und die Besatzung über Bord geworfen worden.

Als nun die Bremer ihrerseits zwei Schiffe des Junkers, die mit Bier beladen waren, kaperten, rieben sie sich die Hände. Endlich konnten sie sich revanchieren.

Weil aber den Bremern der Gerstensaft offenbar mundete, ließen sie sich's an Bord wohl sein. Dabei vergaßen sie, ihren Gefangenen von dem Bier abzugeben.

Die aus Esens blieben zwangsläufig nüchtern und konnten ihre Bezwinger zu später Stunde in aller Ruhe einsammeln und nach Esens bringen, wo es den inzwischen wieder nüchtern gewordenen Bremern schlecht erging. Sie wurden aufgeknüpft.

Das Maß jedoch der Übeltaten des Balthasar war voll.

Im Jahre 1538 wurde er in die Acht erklärt, die innerhalb von sechs Wochen und drei Tagen vollstreckt werden sollte.

Doch keiner dachte daran, die Acht zu vollziehen, und Balthasar kümmerte sich schon gar nicht darum. Stattdessen stellte er den Kaperkapitän Franz Beheim in seinen Dienst. Der sollte ihm helfen, die Bremer zu schröpfen.

Tatsachlich gelang es Beheim, zehn Bremer Schiffe zu kapern, was für die Stadt an der Weser ein empfindlicher wirtschaftlicher Schlag war. Aber dieser Erfolg reichte nicht, um die Bremer zum Aufgeben zu bringen.

Im Herbst 1539 gelang es den Hansestädtern, den Kaperkapitän Beheim mit seiner Flotte von drei Schiffen auf Sand zu setzen. Die Schiffsbesatzungen wurden nach Bremen gebracht und dort enthauptet.

Langsam wurde die Geschichte für Balthasar ungemütlich. Zwar gelang es seinen Leuten, den bremischen Rittmeister Heinrich Wolken in einer Schlacht zu besiegen. Heinrich Wolken fiel. Seine Rüstung und sein Schmuck wurden als willkommene Beute nach Esens gebracht.

Aber die Bremer hatten am Ende die stärkeren Bataillone. Sie näherten sich der Stadt und zeigten ihre Farben.

Die von Esens brachten auf dem Wall ihre Kanone namens »Schimpfe nicht« in Stellung. Die Artilleristen zielten gut und trafen oft. Doch Balthasars Siegeszuversicht flackerte nur noch einmal kurz auf.

Am 8. Oktober 1540 begannen die Bremer, mit 24 Geschützen die Stadt Esens zu beschießen. Sie benutzten dabei sogenannte Feuerbälle. Es waren Phosphorgeschosse, die seit den Kreuzzügen unter der Bezeichnung »Griechisches Feuer« bei Belagerungen von Städten verwendet wurden.

Zehn Tage beschossen die Bremer die Stadt. Es war ein Sonntag, als die Esener aufgaben. Die Bremer übernahmen die Stadt. Doch Junker Balthasar spielte ihnen einen letzten Streich. Bevor sie ihn greifen konnten, legte er sich ins Bett und starb.

Die Bremer, die sich so schön ausgemalt hatten, den Piraten aus Esens nach Bremen zu bringen und ihn dort als Siegesbeute durch die Stadt zu führen, sahen sich getäuscht.

Um wenigstens etwas in der Hand zu haben, nahmen sie die kostbare Rüstung des Junkers Balthasar mit nach Bremen. Dort ist sie später im Eingang des Schüttings, dem Haus der Kaufleute, als Complimentarius, als Grußaugust sozusagen, aufgestellt worden.

In die Rüstung wurde das wilde Gesicht eines Kriegsmannes eingefügt und gleichzeitig eine Vorrichtung an der Rüstung angebracht, die dazu diente, die ritterliche Gestalt zum Grüßen durch das Öffnen des Visiers und das Heben einer Lanze zu bewegen, wenn eine bestimmte bewegliche Treppenstufe betreten wurde.

Als sich die Stadt Esens in den 70er Jahren des 20. Jahrhunderts dazu entschloss, dem Junker Balthasar ein Denkmal mitten in der Stadt zu setzen, lieh sie sich die Rüstung, die inzwischen einen Platz im Bremer Focke-Museum gefunden hatte, als Vorlage für das Denkmal.

Hinter der vorgehaltenen Hand allerdings erzählten die aus Esens, die Rüstung sei zwar sehr schön und für den gedachten Zweck gut zu verwenden, aber ...

... die Rüstung des Junkers Balthasar sei sie nie gewesen.

Der Bär von Esens

Ein schwarzer Bär mit einer langen roten Zunge und einem goldenen Halsband, der aus den Zinnen eines roten Backsteinturmes wächst, beherrscht das Wappen der Stadt Esens. Der Bär ist bereit, einen großen Backstein, den er zwischen den Tatzen hält, auf alle Angreifer zu werfen, die der Stadt Übles wollen.

Der Bär wurde so nicht nur Wappentier. Er wurde Schutzpatron der Stadt Esens.

Es war während des Dreißigjährigen Krieges, der von 1618 bis 1648 die deutschen Lande in ein Trümmerfeld verwandelte.

Damals zogen hessische Söldner, die sich wie eine grausame Räuberbande benahmen, durch Ostfriesland und erreichten auch Esens.

Die Stadt hatte sich zwar auf ungebetene Gäste vorbereitet – ihre Tore blieben geschlossen. Doch auf eine längere Belagerung war man nicht eingestellt. Die Vorratshäuser leerten sich schnell.

Nun hatte es sich ergeben, dass ein durchs Land ziehender Bärenführer mit seinem Schaustück, einem Tanzbären, just zu der Zeit in Esens weilte, da die Stadttore wegen der heranziehenden Hessen geschlossen wurden. Keiner kam rein, und keiner kam raus.

Der Bärenführer musste seinen Bären in einen kleinen Raum im sogenannten Lampenturm im Norden der Stadt sperren. Der Lampenturm wurde für die Verteidigung nicht benötigt. Von dem Bärengefängnis aus führte eine steinerne Wendeltreppe nach oben in den Turm.

Da nun aber der Bär kein Futter in seinem Gefängnis fand – wer hätte es ihm auch geben sollen, in Esens gab es in jenen Tagen nur knurrende Mägen –, begab sich der Tanzbär auf die Wendeltreppe, in der Hoffnung, oben, am Ende der Treppe, etwas Brauchbares zum Fressen zu finden.

Er fand aber nur eine freie Aussicht. Und dafür haben Bären im Allgemeinen keinen Sinn, schon gar nicht, wenn sie hungrig sind.

So wollte denn der Tanzbär den Rückweg nach unten antreten, was ihm aber nicht gelang. Er war zu unbeholfen, um auf dem engen Turm zu wenden und die Treppe wieder hinunterzusteigen. Andererseits war der Turm zu hoch, um hinunterspringen zu können.

Der Bär geriet in Panik. Mit fürchterlichem Gebrüll fing er an, die lockeren Steine vom Turm loszureißen und sie auf die vor der Stadt lagernden hessischen Soldaten zu werfen.

Ob er getroffen hat, ist nicht bekannt. Tatsache ist, dass die Hessen zunächst die Köpfe einzogen und anschließend nachdenklich wurden.

Sie hielten Kriegsrat, und einer von ihnen meinte: »Wenn die in Esens einen unnützen Tanzbären zu ihrem Vergnügen füttern können, dann haben sie jedenfalls für sich selbst genug zu essen.«

Es wurde beschlossen, die Belagerung aufzuheben.

Für Esens war es höchste Zeit. Aber das wussten die Hessen nicht.

Die Einwohner von Esens wählten zum Andenken an ihre Erlösung von dem ungebetenen Besuch aus Hessen den Bären als Wappentier.

Es ist ein Wappentier, das dem Betrachter die Zunge herausstreckt.

Warum? Das lässt sich wohl vermuten.

Die Hessen jedenfalls sind auf den Bären hereingefallen.

Und wer diese Geschichte nicht glaubt, der lässt es bleiben.

Der Gesangbuchstreit in Esens

Nicht immer hatte der Preußenkönig Friedrich der Große (1712-1786) mit seinen Anordnungen in Ostfriesland Glück.

Wie gesagt, das Land war nach dem Tode des Fürsten Karl Edzard Cirksena im Jahre 1744 an Preußen gefallen. Denn die Preußen hatten als Erste vom Tode des Fürsten erfahren und von Emden aus das Land besetzt, noch ehe etwa die Hannoveraner, die auch interessiert waren, geschaltet hatten.

Die Ostfriesen waren darüber nicht böse. Sie mochten den Preußenkönig, auch wenn er mitunter etwas schwierig war.

Aber in Ostfriesland bekam er - trotz aller Sympathie - gelegentlich schon mal den Wind von vorn.

Während einer Schiffsfahrt auf dem Dollart äffte der König in seinem Übermut den Kommandoruf des Kapitäns scherzhaft nach, was dem wiederum überhaupt nicht gefiel.

Er wies den König zurecht mit den Worten: »Nee, Herr, Ji moten still wesen, hier hebb ik to kommandeern.« (Nee, Herr, hier müssen Sie still sein. Hier habe ich zu kommandieren.)

Der König schlug sich lachend auf den Mund und blieb fortan still.

Im Jahre 1763 sollte in Ostfriesland ein neues Gesangbuch aus Berlin eingeführt werden. Dagegen aber wehrten sich die Christen aus Esens.

Ein Chronist, möglicherweise ein Berichterstatter aus Berlin, berichtete: Es »rottete sich der Pöbel in Esens zusammen, bewaffnete sich mit Steinen und Knüppeln, umzingelte die Kirche und ertrotzte, dass ein Gesang aus dem alten Gesangbuch angestimmt werden musste«.

In einem Brief wurde der Schulrektor bedroht. Es hieß darin, sollte er es wagen, aus dem neuen Buch singen zu lassen, bekäme er eine »blaue Bohne« zwischen die Rippen, und in der Kirche würde alles zerschlagen. Ja, die Schreiber des Briefes betonten, sie würden lieber Leben und Ehre lassen, als aus dem neuen Buch zu singen. Außerdem seien sie bereit, Kirche und Pastorenhaus in Brand zu stecken.

Die Obrigkeit von Esens beschloss daraufhin, die Einführung des neuen Gesangbuches zu vertagen und in Berlin beim König nachzufragen, wie man sich »dem Pöbel« gegenüber verhalten solle.

Friedrich, der mit den obstinaten Ostfriesen längst seinen Frieden geschlossen hatte, antwortete: »Wenn sie aus dem neuen Buch nicht singen wollen, nun, dann lass sie singen: Nun ruhen alle Wälder und dergleichen dummes Zeug mehr.«

Die Frauen von Borkum überlisteten die Piraten

Die goldenen Jahre des Walfanges, als der mit Bargeld gefüllte »Marsemmer«, ein verschlossener Holzeimer, in dem Haus eines Walfängers an einem Deckenbalken in der Wohnstube zu hängen pflegte, sind auf Borkum lange vorbei. Aber die Walknochen, die hier und da als Einfriedung der Gärten und der alten Kommandeursgräber auf dem eingeebneten Kirchhof am Fuße des alten Kirch- und Leuchtturms dienen, gibt es nach wie vor.

Es war zu Anfang des 18. Jahrhunderts, als auf vielen Inseln an der friesischen Küste die Männer auf englischen, holländischen, dänischen, hamburgischen und bremischen Walfängern anheuerten – als Kommandeure, Steuerleute, Matrosen, Harpuniere und Speckschneider. Die Schiffe waren sechs Monate in Grönland unterwegs. Es waren harte Monate. Doch wer zurückkehrte, war ein gemachter Mann.

Natürlich gibt es die alten Geschichten, die auch heute noch – wenn das Fernsehprogramm nichts taugt – an langen Winterabenden gern erzählt werden. Die Rede ist dann zum Beispiel von Pieter Potter, der als letzter Borkumer Kommandeur im Jahre 1844 gestorben ist – in seinem Bett auf Borkum, weil er kein Schiff mehr hatte.

Erzählt wird in diesem Zusammenhang aber auch von den Borkumer Frauen, die ja ein halbes Jahr allein auf der Insel klarkommen mussten.

Einmal, als sich die Männer »up Mord un Dootslag«, wie es in einem übermütigen Trinkspruch heißt, in Grönland aufhielten, näherten sich Piraten der männerlosen Insel Borkum – fest davon überzeugt, mit den Frauen leichtes Spiel zu haben.

Sie hatten aber die Rechnung ohne die Borkumer Frauen gemacht. Die nämlich hatten rechtzeitig die Gefahr erkannt. Sie waren in die Kleider ihrer Männer geschlüpft, hatten sich bewaffnet und eine schwere Kanone an den Strand gezogen. Dort erwarteten sie die Korsaren.

Kaum aber war das Piratenschiff vor Anker gegangen, feuerten die Frauen ihre Kanone ab und trafen – Volltreffer! – den Hauptmast des Schiffes. Mit einem zweiten Schuss rissen sie ein gewaltiges Loch in die Planken. Das Schiff wurde manövrierunfähig.

Nach diesem ungemütlichen Empfang hissten die Seeräuber die weiße Flagge. Sie schickten einen Parlamentär und ergaben sich.

Die Frauen versprachen den Seeräubern das Leben, wenn sie einzeln und ohne Waffen an Land kämen. Die offenbar etwas naiven Piraten gingen darauf ein und wurden – nacheinander – gebunden, geknebelt und in den Kerker geworfen. Das Piratenschiff wurde anschließend von den Frauen verbrannt.

Die Piraten sollten am nächsten Tag aufs Festland gebracht und der irdischen Justiz überliefert werden.

Doch einer der Seeräuber, der Sohn des Piratenhäuptlings, war ein besonders hübscher Kerl, der einen gewaltigen Eindruck auf eine der Frauen gemacht hatte.

Sie setzte durch, dass er nicht gefesselt wurde und sich frei bewegen konnte – was er ihr allerdings übel dankte.

In der Nacht befreite er seine Kumpane, die daraufhin ein Boot kaperten und das Weite suchten.

Ihre Flucht war nur von geringem Erfolg gekrönt. Unvermittelt nämlich setzte ein Sturm ein. Das Boot schlug um, und die Piraten ertranken allesamt in den Fluten vor Borkum.

Ob die Geschichte stimmt?

Hermann Meier, ein Lehrer aus Emden, hat sie im Jahre 1856 erzählt. Und Lehrer lügen nicht, schon gar nicht die im 19. Jahrhundert.

Prinzessin Wiesmoor und
Rauchschwaden über Wien

Manchmal, in unheimlichen Nächten, so erzählen die Menschen im Moor, sei in der Finsternis plötzlich ein Licht gewesen, traulich leuchtend. Doch wehe dem Wanderer, der ihm – auf der Suche nach dem richtigen Weg – gefolgt wäre. Das Licht hätte ihn in die Irre und ins unwegsame Moor geführt, wo er versunken wäre.

Das trügerische Licht aber, sagen sie und senken die Stimme, sei die Laterne der Moorhexe gewesen.

Einmal jedoch, so hat es der aus Oldenburg stammende niederdeutsche Dichter August Hinrichs (1879 – 1956) aufgeschrieben, wurde eine schöne Königstochter von der Moorhexe verzaubert und dazu verdammt, ein freudloses Leben im Moor zu führen.

Dann aber geschah ein Wunder. Die schöne Prinzessin wurde erlöst und entstieg dem Morast als erhabene Königin.

August Hinrichs sah in der schönen Prinzessin ein Symbol für das aus dem Moor gewachsene ostfriesische Dorf Wiesmoor, das heute mit seinen Treibhäusern und blühenden Gärten als »Blumengemeinde« weithin bekannt ist.

Mehr als ein Viertel Ostfrieslands – und besonders der mittlere Teil – war noch Mitte des 19. Jahrhunderts von Mooren bedeckt, sodass man scherzhaft sagte: »Ostfriesland ist wie ein Pfannkuchen. Das Beste befindet sich an den Rändern.« Damit waren die Küste und die Inseln gemeint und auf gar keinen Fall das Moor in der Mitte.

Der Lehrer Hermann Meier aus Emden schilderte Mitte des 19. Jahrhunderts eine Wanderung »von der reichen, üppigen Marsch auf das traurige und öde Moor« mit folgenden Worten:

»Während man dort sich an dem fleißigen Treiben munterer Arbeiter freute, das fette Vieh und die muthigen Pferde auf der Weide grasen fand, goldene Saaten und Kornfelder das Auge entzücken, findet man hier nur vereinzelte Arbeiter, so melancholisch und traurig, wie der Boden ist, den sie bearbeiten, kleine Schafe mit haariger Wolle und düsteres Haidekraut.

Die Lerche und die vielen Singvögel der Marsch fehlen ganz, nur der klagende Laut des einsamen Moorhuhns trifft zuweilen des Wanderers Ohr. Weit und breit kein Baum, kein Strauch, ausser der Haide nur blasse Binsen und Gräser, graues Moos und tiefes, unheimliches Schweigen.«

Das Wiesmoor, dem der Ort Wiesmoor seinen Namen verdankt, war eines der großen Hochmoore des Landes. Hochmoore gedeihen besonders gut auf Mineralböden und in niederschlagsreichem Klima. Sie entwickeln sich aus Moos, Wollgras und Heide.

Die Geschichte der Hochmoore reicht etwa 8000 Jahre zurück bis in die jüngere Steinzeit. Es war die Zeit, da der Mensch als Jäger und Sammler sein Leben fristete, erste Siedlungen anlegte, Wildgetreide anbaute und den Hund zum Haustier abrichtete.

Die Hochmoore wuchsen während der Jahrtausende. Ihre unteren Schichten sind heute stark zersetzt. Der dort gewonnene Torf wird Schwarztorf genannt. Darüber liegt der Weißtorf, ganz oben die Bunkerde; die ganzen anderen Schichten aufzuführen, würde hier zu lange dauern.

Es entstand eine Landschaft, die in ihrer Einsamkeit, Unwirtlichkeit und Unwirtschaftlichkeit wenig Anziehungskraft auf den Menschen ausübte, ja, sie wirkte erschreckend und lehrte ihn das Gruseln.

»Und immer fort zittert und wankt der Boden unter unseren Füßen«, schrieb Hermann Meier. »Wehe dem Unkundigen, der es wagt, ihn zu betreten. Mit tausend Armen wird er hinab gezogen in die schwarze Tiefe ...«

Friedrich II. von Preußen, den sie schon zu Lebzeiten »den Großen« nannten, war nicht nur »groß« als Kriegsherr. In Ostfriesland setzte er sich ein Denkmal, indem er Siedlungsland für die Menschen schaffen ließ.

Zu seinen bedeutenden Entscheidungen gehörte das am 22. Juli 1765 erlassene Urbarmachungsedikt, das mit folgenden Worten begann: »Edikt wegen Urbarmachung der in Unserem Fürstenthum Ostfriesland befindlichen Wüsteneyen ...«

Mit diesem Erlass werden die Hochmoore Ostfrieslands zum Eigentum des preußischen Staates erklärt. Wer dort siedeln wollte, sollte erst nach sechs Jahren mit einer geringen Erbpacht belegt und für 15 Jahre von allen provinziellen Abgaben freigestellt werden.

Er bekam 100 Ruten Land – Moor oder Heide – zugewiesen. Wer in der Lage war, für 100 bis 150 Taler ein Haus zu bauen, sollte zudem ein Viertel dieses Betrages als Prämie erhalten. Den Siedlern wurde Gewissensfreiheit versprochen, wie es im damaligen Preußen allgemein üblich war. Ihnen wurde außerdem – für viele sehr verlockend – der Militärdienst erlassen.

Die Ostfriesen selbst waren zunächst eher skeptisch. Es fehlte nicht an warnenden Stimmen, die dieses Projekt von vornherein für gescheitert erklärten.

Aber die Beamten des Königs setzten die Befehle ihres in Potsdam residierenden Herrn durch. Im Laufe der Zeit entstanden 82 Orte im Moor.

Die ersten Jahre der Besiedlung gestalteten sich in der Tat alles andere als erfreulich. Die Zweifler schienen recht zu behalten. So schnell und so einfach war es nicht, das Glück im Moor zu finden.

Die Menschen wohnten zumeist in elenden Hütten, die aus Torf und Rasen gebaut waren und dürftige Strohdächer hatten, unter denen zumeist auch Armut und Krankheit zu Hause waren.

Nachdem die Freijahre vorüber waren und die wenigen vom König geforderten Groschen für die Pacht aufgebracht werden mussten, warf mancher Kolonist das Handtuch und gab auf.

Einige allerdings ließen sich nicht unterkriegen. Sie setzten auf Buchweizen und Torf und hofften auf die Zukunft, getreu dem alten Sprichwort der Moorkolonisten:

Dem Ersten sien Dod,
dem Tweeden sien Not,
dem Darden sien Brot.

Den Torf verkauften sie als Heizmaterial. Der Buchweizen diente der eigenen Ernährung und bestimmte als »Bookweiten Janhinnerk« – als Buchweizenpfannkuchen – die kargen Mahlzeiten.

Den Buchweizenanbau hatte der Prediger Anton Bolenius um 1710 aus der holländischen Provinz Groningen mit nach Ostfriesland gebracht.

Das Moor wurde für die Aufnahme der Saat bereitet, indem man es im Herbst umhackte und im Frühling brannte. »Moorbrennen«, sagte man im Oldenburgischen und im Bremischen dazu.

In großen Schwaden zog der Rauch über das Land, wo er sich über weite Entfernungen lange Zeit hielt.

Aus einem Bericht aus dem Jahre 1857 geht hervor, dass das Brennen im Ostfriesischen am 6. Mai begonnen wurde. Es herrschte ein kräftiger Nordostwind, der den Moorrauch so rasch vor sich hertrieb, dass er bereits am nächsten Morgen im niederländischen Utrecht eingetroffen war und am 15. Mai das Meer erreicht hatte.

Dort geriet er in einen aus Nordwesten wehenden Wind, der ihn ins Land zurückblies. Die Schwaden sollen dann nach wenigen Tagen in Münster, Hannover, Köln und Frankfurt am Main eingetroffen und schon am 17. Mai bis nach Wien und am 19. Mai bis nach Krakau vorgedrungen sein.

Der Flugverkehr wurde zu jener Zeit noch nicht beeinträchtigt, doch schon damals hat man sich Gedanken über den Einfluss des Moorrauches auf die Umwelt gemacht.

Es hieß, er ziehe durch die Verunreinigung der Atmosphäre ein »Heer schädlicher Folgen« nach sich, ja, es gab Stimmen, die für ein Verbot des Moorbrennens eintraten.

Allein, die Mehrzahl der Menschen wird es mit dem Lehrer Hermann Meier aus Emden gehalten haben, der in aller Seelenruhe meinte: »Wir alle schlucken alljährlich einige Tage Moorrauch, ohne indess davon nachtheilige Folgen zu verspüren.«

Meier wies sogar darauf hin, dass es in den eigentlichen Moorgegenden »verhältnismäßig wenige Kranke und Schwächlinge« gäbe, was er als ausreichenden Beweis dafür ansah, dass das Moorbrennen am Ende gesund für den Menschen sei.

Wiesmoor spielte zu jener Zeit noch die Rolle einer Wüstenei, und wenn einer im Wiesmoor von Voßbarg nach Wiesederfehn gehen musste, dann stieg ihm wohl das Grauen in den Nacken.

»De swarte Weg«, der schwarze Weg, der die beiden Siedlungen miteinander verband, war nichts anderes als ein Moorstreifen, eingefasst von zwei Entwässerungsgräben. Begehbar war er immer im Sommer und - manchmal - auch im Winter. Im Herbst und Frühjahr vermied man es besser, einen Fuß auf ihn zu setzen, wenn man nicht Opfer der Moorhexe werden wollte.

Der »swarte Weg« verlief dort, wo sich heute die Hauptstraße von Wiesmoor befindet.

Ganz im Banne der Moorhexe gab es damals Leute, die von merkwürdigen Erscheinungen berichteten, von Visionen, mit denen man zu jener Zeit zunächst nichts anzufangen wusste. Diese Leute waren die »Vörloopkieker« oder die »Spökenkieker«.

Einer von ihnen, so wird erzählt, habe riesige Lichter in der Finsternis des Moores gesehen – gerade dort, wo später die Überlandzentrale errichtet wurde.

Ein anderer sah üppige Wiesen, wo sich in Wirklichkeit unwirtliches Moor erstreckte.

Damals fand man keine Erklärung für diese »Gesichter«. Der eine oder der andere mag sie als Spinnerei abgetan haben.

Doch die alten Ostfriesen schüttelten bedenklich den Kopf: Spökenkiekerei gehörte in Ostfriesland zum Leben, womit wir wieder bei der Prinzessin Wiesmoor angelangt sind.

Es war an einem trüben Februartag des Jahres 1906, da einige lodenbekleidete Herren durchs Moor stapften. Es waren Mitglieder einer Kommission aus dem preußischen Landwirtschaftsministerium in Berlin.

Sie wurden angeführt von Ministerialdirektor Thiel. Ihre Aufgabe sollte es sein, zu prüfen, wie man das Hochmoor zum Wohl der Menschen nutzen könne.

Für Leute, die eben aus Berlin kamen, das damals auf dem Wege zu einer der glänzenden Metropolen Europas war, mag der Weg durch das unwirtliche Moor kaum begeisternd gewesen sein.

Im Gegenteil, es deutete vieles darauf hin, dass die Herren recht niedergeschlagen waren, wie sie da so durch die Feuchtigkeit stiefelten und fröstelnd die Mantelkragen hochschlugen.

Es war Thiel, der sich plötzlich einen Ruck gab, sich an den neben ihm gehenden Geheimrat Ramm wandte und – nachdem er tief durchgeatmet und noch einen Blick über das Land geworfen hatte – sagte: »Ramm, schwören Sie, dass Sie die Sache hier machen werden.«

Ramm zögerte keine Sekunde. Trocken sagte er: »Ich schwöre!«

Drei Jahre später wurden zwischen dem preußischen Staat und der Siemens Elektrischen Betriebe AG ein Vertrag über die Errichtung eines Torfkraftwerkes in Wiesmoor geschlossen.

Nach Geheimrat Ramm ist später der Ortsteil Rammsfehn in Wiesmoor benannt worden.

Wer »in de Bibel« war, der konnte lesen

Wenn die Eltern im alten Ostfriesland von ihren Kindern erzählten, dann konnte es schon mal passieren, dass sie, bei allem gebotenen Unterstatement, stolz darauf hinwiesen, »de Kinner sünd all in de Bibel«.

Das galt was. Denn wer »in de Bibel war«, der besuchte bereits eine Schulklasse, in der ihm beigebracht wurde, in der Bibel zu lesen.

Bis dahin war es aber oft ein weiter Weg.

Der Preußenkönig Friedrich II. hatte im Jahr 1763 im General-Landschul-Reglement angeordnet, dass die Lehrer in den Landschulen ihre Schularbeit so verrichten sollten, dass sie den Schülern zuerst das Lesen, darauf das Schreiben und danach das Rechnen beibringen sollten.

Die Leseschüler – von ihnen erhielt der Lehrer im Vergleich zu den Schreib- und Rechenschülern das geringste Schulgeld – sollten wiederum in drei Gruppen unterteilt werden: 1. ABC-Schüler, 2. Buchstabierschüler, 3. Anfänger im Lesen.

Aus dieser Einteilung der Leseschüler lässt sich nachvollziehen, in welchen Leselernmethoden die Kinder unterrichtet wurden:

Die Jüngsten – Kinder wurden mit fünf Jahren eingeschult – mussten zuerst die Namen der Buchstaben lernen: a, b, c, d, e, f, g und so fort. Sie mussten täglich zwei Buchstaben lernen. Als Hilfsmittel dienten ihnen dazu sogenannte ABC-Täfelchen und ABC-Bücher, darunter das Bremer ABC-Buch und das ostfriesische ABC-Buch.

Beherrschte der Schüler die Buchstaben, so kam er in die Gruppe der Buchstabierer. Hier lernten die Kinder das »Buchstabieren und Syllabieren«, so nannte man das Zusammenziehen von Buchstaben zu Silben. Das geschah im Silben- und Textteil des ABC-Buches, später auch im Katechismus.

Freudig sprach dann auch mancher, der dieses Studium erreicht hatte: »Ick bün güstern all in' Kachismus kamen!« Damit hatte er eine bemerkenswerte Bildungsstufe erreicht.

Die Schüler des dritten »Haufens«, die Anfänger, vollbrachten ihre ersten Leseübungen im Textteil des ABC-Buches und im Psalterbuch.

Danach kam für die guten Leser der Aufstieg in die Bibel – ins Neue oder gar ins Alte Testament. Dann konnte man wohl den eingangs erwähnten Satz hören: »De Kinner sünd all in de Bibel!«

Zufall oder Skandal: Viele Greetsieler tragen eine Hohenzollern-Nase mitten im Gesicht

»Jungfrau, wahre dein Herz! Deine ganze Zukunft hängt davon ab, dass dieser Schatz nicht in falsche Hände gerathe! Auch königliche Jungfrauen, obgleich die Würde des Throns und die Schranken der Etikette sie umgeben, sind von der Gefahr nicht befreit, in ihren Neigungen irre zu gehen und Frieden und Frohsinn für immer zu verscherzen.«

Diesen im Boulevardstil verfassten Text finden wir in Carl Weidingers Buch »Das Leben und Wirken Friedrichs des Großen«, in der vierten Auflage erschienen im Jahre 1863.

Das Kapitel in diesem Buch, das mit dem eingangs zitierten Absatz beginnt, ist der Tochter des streng religiösen Preußenkönigs Friedrich Wilhelm I., Prinzessin Amalie, gewidmet. Darin geht es um das »traurige Schicksal« dieser Prinzessin, »über deren Wiege die Glücksgöttin das Füllhorn ihrer reichsten Gaben ausgestreut hatte«.

Hohe Abkunft, ausgezeichnete Schönheit, Geist und Talente vereinigten sich in Prinzessin Amalie. Sie war die im Jahre 1723 geborene jüngste Schwester Friedrichs des Großen.

Friedrich machte sie schon als Kronprinz und später als König »zum Gegenstande seiner zärtlichsten Liebe«. Aber auch alle anderen, die ihr verwandtschaftlich oder freundschaftlich nahestanden, verehrten sie über die Maßen.

Es soll jetzt nicht im Einzelnen über die sorglose und fröhliche Jugend der Prinzessin berichtet werden, die wunderbar auf dem Klavier spielte und eine vortreffliche Tondichterin war.

Sie war nicht nur die Lieblingsschwester Friedrichs, sondern sie war ihm, wie keine andere, geistig verwandt. Nichts liebten die beiden mehr, als in Gesprächen ihren Verstand zu schärfen.

Tatsache ist aber, dass das Leben der Prinzessin von einer Minute zur anderen einen neuen und überaus unglücklichen Weg nahm.

Bei der Hochzeit ihrer älteren Schwester Ulrike, die später Königin von Schweden wurde und mit der sich Friedrich nicht so gut verstand, zumindest waren die beiden einander gleichgültig, fiel der Prinzessin Amalie ein junger und sehr schöner, kraftvoller Offizier auf, der an diesem Tag Wache im Innern des Schlosses hatte.

Diesem jungen Mann wurden im Gedränge die Quasten seiner Schärpe abgerissen – oder abgeschnitten, das weiß man nicht so genau. Der König, bei dem er in hoher Gunst stand, bemerkte dieses Malheur und hatte seinen Spaß daran, indem er darüber einige geistvolle Witze riss, was er gut konnte, ohne kränkend zu sein.

Prinzessin Amalie war von dem Offizier so beeindruckt, dass sie nach aufgehobener Tafel an ihm vorüberging und ihm zuflüsterte: »Sie werden morgen gegen Mittag eine andere Schärpe bei mir finden.«

Der junge Offizier nahm die Prinzessin beim Wort. Er holte sich die »andere Schärpe« am anderen Tag gegen Mittag ab, was nicht verwunderlich war. Denn es handelte sich bei ihm um den Schwerenöter Friedrich Wilhelm Freiherr von der Trenck (1726 – 1794) aus Königsberg, der im Jahre 1744 Ordonnanzoffizier Friedrichs des Großen geworden war.

Wer Trenck kannte, der wusste, dass er von seiner Natur her ein Abenteurer war, der sich um die Gefühle anderer überhaupt nicht kümmerte, schon gar nicht um die Gefühle von Frauen. Trenck pickte sich stets nur die Rosinen aus dem Kuchen des Lebens heraus. Amalie aber war dem Schwerenöter verfallen.

Dem König blieb das Malheur nicht verborgen. Es entsetzte ihn. Denn Friedrich war Menschenkenner genug, um Trenck, den er für einen guten Offizier hielt, aber nicht für einen guten Schwager, zu durchschauen.

Er versuchte, das »zarte Verhältnis«, wie der Brockhaus aus dem Jahre 1896 schrieb, zu unterbinden. Als es ihm nicht gelang, wurde Trenck wegen seiner Verbindung zu seinem auf österreichischer Seite stehenden Onkel, Franz Freiherr von der Trenck, auf Befehl des Königs verhaftet und auf die Festung Glatz gebracht.

Dort freundete sich Trenck mit den wachhabenden Offizieren der Festung an und nutzte die erste beste Gelegenheit zur Flucht.

Er hat dann im Laufe seines Lebens viele Dummheiten gemacht, wobei die Prinzessin Amalie, die unverheiratet geblieben ist und später Äbtissin von

Quedlinbruch wurde, oft schützend ihre Hand über sein Haupt hielt.

Trenck nahm das wie selbstverständlich hin. Er lebte sein Leben, heiratete, wurde Vater von acht Kindern, trieb sich in der Welt herum und versuchte sich als Schriftsteller.

Während der Revolution in Frankreich reiste er 1794 als Beobachter nach Paris, wurde der Spionage für Österreich verdächtigt und endete auf der Guillotine.

Eine Zeitung mit großen Schlagzeilen gab es damals noch nicht. Dennoch – und jetzt kommen wir endlich zu unserer Geschichte – wurde in den Berliner Salons erzählt, dass das »zarte Verhältnis« zwischen der Prinzessin Amalie und dem Freiherrn von der Trenck nicht ohne Folgen geblieben sei.

Eine offizielle Geschichte gibt es darüber nicht. Es wird aber erzählt, dass eine Preußenprinzessin, eine außereheliche Nichte Friedrichs des Großen, bei einem Fischer im ostfriesischen Greetsiel aufgewachsen sei. Es heißt, es sei die Tochter der Prinzessin Amalie und des Freiherrn von der Trenck gewesen.

Tatsache ist, dass Greetsiel unter dem besonderen Schutz des Preußenkönigs stand.

Ursprünglich war das ostfriesische Dorf hinter dem Deich mit seinen zwei Windmühlen, die »Zwillinge« genannt werden, Stammsitz der Cirksenas. Es war jenes mächtige Grafen- und Fürstengeschlecht, das über drei Jahrhunderte hinweg von 1464 bis 1744 das Schicksal Ostfrieslands beeinflusst und bestimmt hat.

In den Gewässern vor Greetsiel fand jenes Seegefecht statt, das sich die Hamburger und der dänische Seeräuber Nikolaus Kniephof im Jahr 1525 lieferten. Die Greetsieler guckten sich das Spielwerk im Schutze ihrer festen Burg an.

Im Jahre 1609 wurde Greetsiel von Emder Truppen erobert. Im Dreißigjährigen Krieg (1618 – 1648) überrollten die Mansfelder aus Holland den Ort. Die Mansfelder waren ein schreckliches Landsknechtsvolk, das unter dem Kommando des Grafen Ernst II. von Mansfeld stand, auf protestantischer Seite kämpfte und vor keiner Untat zurückschreckte.

Schließlich – im Jahre 1682 – nahmen brandenburgische Soldaten unter Führung des Obristleutnants Brand die Burg ein. Von Greetsiel aus wollte der Brandenburger Friedrich Wilhelm von Hohenzollern, der große Kurfürst, wie ihn die Geschichte nennt, seine ehrgeizigen Pläne einer brandenburgischen Seemacht verwirklichen. So recht gelungen ist es ihm nicht.

Des großen Kurfürsten Urenkel, Friedrich II., machte Nägel mit Köpfen. Er ließ den Greetsieler Hafen bauen, das Land entwässern und neues Land gewinnen.

Die Geschichte mit dem Fischer, bei dem eine Preußenprinzessin aufgewachsen und eine Greetsielerin geworden ist, soll längst widerlegt worden sein.

Tatsache ist, dass die Greetsieler als besonders gute Preußen galten und immer noch gelten. Merkwürdig ist auch die besondere Liebe der Greetsieler zu dem Preußenkönig Friedrich II., und ebenso merkwürdig ist, dass viele Greetsieler die typische Hohenzollern-Nase mitten im Gesicht tragen.

Die Reisenden mussten sich auf den Boden legen

Es kann nicht behauptet werden, dass die Überfahrten zu den ostfriesischen Inseln von Anfang an Lustfahrten waren.

Rudolf Christoph Eucken, der 1846 in Aurich geboren wurde und später als Philosophie-Professor in Basel und in Jena gewirkt hat, schildert in seinen Lebenserinnerungen ein Erlebnis aus seiner Jugendzeit: Dabei ging es um eine Überfahrt nach der Insel Langeoog.

Eucken unternahm die Reise um das Jahr 1850 mit seiner Mutter und mit einem Onkel. Er schreibt:

»Ein kleines Fährschiff, das gegen ungünstige Winde nur sehr langsam aufkam, nahm uns auf. Bei etwaigen Wenden der Segel mussten die Reisenden sich auf den Boden legen und diese Prozedur wiederholt auf sich nehmen.

In der Kajüte zu bleiben, war bei der Enge des Raumes nur beim schlechtesten Wetter möglich.

Kam man nach stundenlanger Reise endlich ans Ziel, so fuhr ein Wagen, eigentlich mehr ein Karren, mit dem bezeichnenden Namen Wüppe, ins Meer an das Schiff heran und führte die Passagiere in ihre Wohnung, welche man sich schon vorher bei irgendeinem Fischer oder Seemann gesichert hatte.«

Das Leben auf der Insel selbst war – nach heutigen Vorstellungen – auch kein Zuckerlecken.

Eucken erinnert sich: »Der Haushalt war schwierig, da die Damen den größten Teil der Lebensmittel, darunter auch Fleisch und Gemüse, vom Festland beziehen mussten. Nur wenn das Fährschiff kam, erhielt die Insel Hefe, sodass Brot und Kuchen gebacken werden konnten.«

Diese erfreuliche Tatsache, so berichtete Eucken, wurde durch das Hissen einer Flagge verkündet.

Als der Fürst von Schaumburg-Lippe die Wildkaninchen von Langeoog ausrotten wollte

Es war im Sommer des Jahres 1863, eben war auf der Insel Langeoog ein Badeausschuss gegründet worden, als sich – von Norderney her – drei Schaluppen der Insel näherten. Sie brachten hohe Gäste nach Langeoog, das sich zu jener Zeit immer noch damit quälte, die Anerkennung als Seebad zu erhalten.

Das störte aber die hohen Herrschaften nicht: Seine Hoheit Fürst Adolf Georg von Schaumburg-Lippe (1817 – 1893) nahm mit seiner Frau, der Fürstin Hermine, einer geborenen Prinzessin von Waldeck und Pyrmont, seinen sechs Kindern und Gefolge auf Langeoog Quartier. Ein hochherrschaftliches Quartier wird es nicht gewesen sein. Ein Hotel gab es damals auf Langeoog noch nicht.

Selten aber mag in der Geschichte des Seebades Langeoog ein Gast so schlecht gelaunt angereist sein wie der Fürst Adolf Georg. Das hing aber nicht mit dem nicht vorhandenen Hotel zusammen.

Auf Norderney hatte es einen geharnischten Krach gegeben zwischen dem Fürsten Adolf Georg und Georg V., dem König von Hannover (1819 – 1878).

Worum es damals ging, wissen wir nicht. Doch im Verlaufe der Auseinandersetzungen hatte der blinde König Georg, der sich von zweifelhaften Persönlichkeiten beeinflussen ließ, den Fürsten Adolf Georg, der erst seit 1860, nach dem Tode seines Vaters, in

Bückeburg regierte, aus seiner Sommerresidenz vergrault.

Die beiden Herren mögen sich auch politisch in den Haaren gelegen haben. Denn Schaumburg-Lippe tendierte zu Preußen. Hannover nicht, was sich drei Jahre später, nach dem sogenannten Deutschen Krieg des Jahres 1866, als ärgerlich herausstellen sollte: Das Königreich Hannover wurde preußische Provinz. Aber das wussten die beiden noch nicht.

Jetzt ging es für Adolf Georg nur darum, den Sommerurlaub zu retten. Er suchte sich also eine eigene Sommerresidenz. Und das sollte die Insel Langeoog sein.

Die Langeooger schwebten ob solcher Ehre zwischen Stolz und ratloser Heiterkeit. Denn »Fürstohm«, wie sie den hohen Herrn nannten, benahm sich in seinem Ärger über den königlichen Vetter ziemlich sonderbar. Er legte sich in die Dünen und knallte mit seinem Gewehr blindlings in die Gegend.

Später nahm er sich die Langeooger Wildkaninchen vor. Dabei geriet er in einen solchen Eifer, als gelte es, die Wildkaninchen der ganzen Welt auszurotten. Immerhin erlegte er an einem einzigen Tag 84 Tiere.

Doch so richtig gefallen hat es ihm offenbar auf Langeoog nicht. Er ging so schnell, wie er gekommen war. Familie und Gefolge gingen mit.

In der Erinnerung der Langeooger aber setzten sich jene zwei Reichstaler fest, die er an einem Sonntag während des Gottesdienstes in den Klingelbeutel geworfen hat und damit im Pfarrhaus eine nicht geringe

Aufregung verursacht hatte. Denn zwei Reichstaler waren für die Langeooger Verhältnisse ein Vermögen.

Wie beeindruckt die Langeooger über den hohen Besuch waren, mag daran zu erkennen sein, dass sie dem ersten Hotel auf der Insel – der hohe Besuch war schon lange wieder weg – den anspruchsvollen Namen »Zum Fürsten von Schaumburg-Lippe« gaben.

Es war ein »großzügig angelegtes« Haus mit einem Saal für – zwölf Personen.

Für die von Schaumburg-Lippe hätte es gereicht.

Auf Kaiser Wilhelms Platz hockt heute eine Möwe

Der erste Eindruck täuscht.

Die Hochhäuser, die, von der Mole in Norddeich aus und bei der Anfahrt mit dem Schiff betrachtet, gar zu wichtigtuerisch in den blauen Himmel über Norderney ragen, fallen gar nicht mehr auf, wenn man erst einmal auf der Insel ist.

Norderney, einst Bad der Könige, wirkt, ohne altmodisch zu erscheinen, wie ein weiß gestrichener, freundlicher Kurort aus Kaiser Wilhelms Zeiten. Und das ist er ja auch wohl – mit allem Komfort, den unsere Zeit von einem ordentlich geführten Ferienort verlangt.

Der Göttinger Professor Georg Christoph Lichtenberg brachte in der zweiten Hälfte des 18. Jahrhunderts von einer England-Reise die Erkenntnis mit, dass das Nordseeklima gesund und es überdies ein Genuss sei, in dem Wasser der Nordsee zu baden.

In der Nordsee baden? Na ja, die Engländer, so meinte man auf diese Nachricht hin, seien ja wohl immer schon ein bisschen überkandidelt gewesen.

In Deutschland hielt man es lieber mit Johann Wolfgang von Goethe, der das Baden in fließendem Wasser als eine Verrücktheit bezeichnete, und die berühmte Liselotte von der Pfalz hatte schon früher aufgeschrieben, was fast alle dachten: »Baden wäre meine Sache nicht. Habe diese Lust mein lebelang nicht begreifen können.«

Außerdem – wer reiste schon an die See? Bei den miserablen Straßenverhältnissen?

Man hielt es in Deutschland offenbar für ein Gebot der volkswirtschaftlichen Cleverness, die Straßen im schlechten Zustand zu erhalten. Dann blieben die Einheimischen zu Hause und trugen ihr Geld nicht in die Fremde. Außerdem kippten die Reisekutschen ziemlich oft um. Wer trotzdem auf Reisen ging, musste immerzu an Zollschranken halten.

Doch auch an der Nordsee gab es Verrückte, die auf ein Bad in dem salzigen und kalten Nordseewasser nicht mehr verzichten wollten, nachdem sie es einmal versucht hatten.

Auf Norderney unternahmen Bürger im Jahre 1797 einen Vorstoß zur Einrichtung eines Seebades. Initiatoren waren der Inselvogt Feldhausen, der als einziger Krämer auf der Insel und Besitzer des größten Norderneyer Pensionshauses besonders interessiert war an einem erweiterten zahlungsfähigen und -freudigen Kundenkreis, der Medizinalrat Friedrich Wilhelm von Halem und der Graf zu Inn- und Knyphausen in seiner Eigenschaft als Präsident der Stände.

Tatsächlich beschloss die ostfriesische Ständeversammlung einstimmig, ein Seebad auf der Insel anzulegen – nach den Vorbildern aus England, Frankreich und Dänemark. In Deutschland brauchte man immer etwas länger, und viel Geld durfte das alles natürlich schon gar nicht kosten.

Immerhin, der rührige Rat von Norderney beschaffte drei Badekutschen – »worunter zwey mit Fallschirmen« – und ließ einen hölzernen »Conversationssaal« als Speise- und Aufenthaltsraum für die Gäste errichten. Die Fallschirme an den Badekarren dienten dem Sichtschutz.

Aus dieser Anfangszeit des Nordseebades Norderney gibt es einen Bericht des Medizinalrates von Halem. Er schreibt:

»Ein größerer Teil der Badenden blieb während des Bades unter dem herabgelassenen Fallschirm, man wurde auf diese Weise den Augen derjenigen am Strande, deren Neugier man fürchtete, entzogen. Auf diese Weise badeten sich gewöhnlich alle anständigen Frauenzimmer, dahingegen sich die Mannspersonen, bei der ihnen gewöhnlich eigenen größeren Dreistigkeit und freieren Bewegungsweise sich selten des Fallschirms bedienen, sich weiter von den Badekutschen entfernen, um vornehmlich in der Brandung zu baden.«

Während der ersten Norderneyer Badesaison im Jahre 1800 besuchten bereits 250 Gäste dieses erste Seebad an der deutschen Nordseeküste.

Die Anreise war nicht einfach. Gäste aus dem Osten fuhren mit eigenem Wagen oder mit der Postkutsche bis Hamburg, von dort mit dem Schiff nach Helgoland und von Helgoland – ebenfalls auf dem Seeweg – nach Norderney.

Wer aus dem Süden kam, der nutzte den Rhein, fuhr nach Rotterdam, über Land nach Amsterdam und dann wieder mit dem Schiff über Harlingen, Emden und Norddeich nach Norderney.

Dort allerdings gab es keinen festen Anleger. Die Gäste wurden im flachen Wasser vor der Insel »ausgebootet« und von kräftigen Norderneyer Schiffern auf Wagen getragen, die den Schiffen im flachen Wasser entgegengefahren waren.

Aus jenen Jahren – inzwischen gehörte Norderney zum Königreich Hannover und war sommerliche Residenz geworden – wird folgende Geschichte erzählt:

Der Norderneyer Schiffer Rass war einer jener starken Männer, die die Passagiere vom Fährschiff durchs Wasser zum Pferdewagen tragen mussten.

Eines Tages wurde ihm die nicht eben schlanke Königin Maria, Frau König Georgs V. von Hannover, anvertraut.

Rass merkte bald, dass die hohe Dame der Konfrontation mit einer etwas rauen Wirklichkeit offenbar nicht gewachsen war. Sie zitterte ein bisschen.

Daraufhin gab der Schiffer folgende trostreichen Worte von sich:

»Och, Königliche Hoheit brauchen keine Angst zu haben! Ich halte Königlicher Hoheit Ihren königlichen Mors ganz fest. Da kann nix passieren.«

Im Jahre 1866 kehrte Ostfriesland und damit auch Norderney nach Preußen zurück. Die Zeit der Könige war vorbei.

Auf Norderney versammelte sich vorwiegend das Großbürgertum, aber auch Prominente aus Berlin ließen es sich nicht nehmen, das Nordseebad zu besuchen.

Als einmal Kaiser Wilhelm II. die Insel durch seinen Besuch beehren wollte, blieb die Barkasse, die ihn auf die Insel bringen sollte, auf einer Sandbank liegen.

Erst nach Stunden kam sie wieder frei, und der Kaiser war verschnupft.

Es gibt aber noch heute ein Kaiser-Wilhelm-Denkmal auf der Insel. Dabei geht es nicht um »Willem Zwo«, wie er auch genannt wurde, sondern um Kaiser Wilhelm I., den seine Zeitgenossen »den Großen« nannten.

Das Denkmal wurde Ende des 19. Jahrhunderts zum Gedenken an die im Jahre 1871 erfolgte Einigung der deutschen Stämme im Deutschen Reich errichtet.

Man war dabei von dem Gedanken ausgegangen, einmal kein Kaiser-Wilhelm-Standbild aufzustellen, das machten ja alle, sondern etwas Einmaliges zu schaffen.

Die finanziellen Mittel allerdings, die letztlich zusammenkamen, reichten jedenfalls nicht aus, um jenen Kolossal-Bau verwirklichen zu können, den der Erbauer des Reichstagsgebäudes, Geheimrat Paul Wallot, entworfen hatte. Dennoch entstand etwas, das auch heute noch Denkmalswert hat – und sei es nur wegen der Einfachheit des Obelisken.

Der Gedanke der Einigung nämlich wurde symbolisiert dadurch, dass Städte aus »allen deutschen Gauen« Bausteine für das Ehrenmal stifteten.

Der hannoversche Bildhauer Georg Küsthardt wurde beauftragt, unter Berücksichtigung des Wallot'schen Obelisken, das Denkmal zu schaffen.

Viele Städte – darunter Altona, Bremen, Dresden, Hannover, Posen, Straßburg, Spandau, Weimar und Würzburg, um nur wenige zu nennen – schickten Bausteine mit ihrem Namen darauf. Das Gewicht dieser Felsblöcke betrug insgesamt 2000 Zentner.

An der Stirnseite des Denkmals erhielt eine Bronzebüste Kaiser Wilhelms I. ihren Platz. Sie wurde ein Opfer der Zeit. Im Ersten Weltkrieg wurde sie eingeschmolzen. Kanonen waren wichtiger als Erinnerungen.

Eine weiße Möwe nimmt heute den Platz des Kaisers ein.

Ostfriesische Umgangsformen

Die Ostfriesen haben sich über Generationen hinweg kaum verändert. Sie leben, geprägt von dem ewigen Kampf gegen die Nordsee, bescheiden hinter den Deichen und denken nicht daran, sich zu verbiegen.

Typisch für einen Ostfriesen war der Langeooger Bademeister Kaspar Otten, der vor vielen Jahrzehnten auf der Insel wirkte und als Rettungsvormann der Deutschen Gesellschaft zur Rettung Schiffbrüchiger mit seinem offenen Ruderboot 80 Menschenleben rettete.

Einmal wurde ihm von vorgesetzter Stelle – auch Bademeister haben einen Chef – bedeutet, dass er sich, wenn er mit den Badegästen zu tun habe, bessere Umgangsformen zulegen müsse.

So gehöre es sich für einen Bademeister, Damen am Strand mit »gnädige Frau« anzureden.

Otten war etwas irritiert.

Dann überlegte er lange und antwortete, gnädige Frauen gebe es für ihn nicht. Allein Gott sei gnädig.

Und damit war für ihn – aber auch für die vorgesetzte Stelle – die Sache erledigt.

Für den Seemann war der Ohrring nicht nur Schmuck

Gelegentlich trifft man sie auch heute wieder: Seeleute, die sich einen Ring durchs Ohrläppchen gezogen haben. Und nicht nur Seeleute.

Der Ohrschmuck erlebt so etwas wie eine Renaissance – bei Frauen und auch bei Männern. Er war aber, genau genommen, zu allen Zeiten und in allen Erdteilen ein beliebter Schmuck. Doch nicht nur das.

Manchmal spielte auch Zauberei mit: Ohrringe aus Sargnägeln angefertigt, die man auf dem Kirchhof gefunden hatte, galten als probates Mittel gegen chronische Augenentzündungen.

Als Schmuck allerdings trug man solche Ohrringe nicht. Das galt übrigens auch für Fingerringe aus Sargnägeln. Es hieß, Gichtkranke sollten derartige Fingerringe tragen.

Für die Seeleute von den Ostfriesischen Inseln und von der Küste hatte der goldene Ohrring bis weit ins 19. Jahrhundert hinein eine besondere Bedeutung.

Wer zur See fuhr, der musste immer mit Unheil rechnen, mit Schiffbruch, Untergang und Tod.

Der Ring im Ohr war für viele eine Vorsorge für den Fall, dass sie in der Fremde den Seemannstod sterben und irgendwo an einer fernen Küste angeschwemmt würden, wo niemand sie kannte.

Dann sollte ein jeder, der den Toten fand, an dem goldenen Ring im Ohr des Toten erkennen, dass er einen christlichen Seemann vor sich hatte, dem ein christliches Begräbnis zu gewähren sei.

Gleichzeitig wurden mit dem Ohrring die Beerdigungskosten abgedeckt.

Emden wurde Hamburg zu teuer

Die Verbindung ist immer noch da.

»Unser Chef ist heute nicht in Emden. Der hat in Hamburg zu tun.«

Ein Bremer, der auf Besuchsreise in Emden war, wurde mit dieser Nachricht abgespeist. Na ja, selbst schuld. Er hätte sich ja anmelden können.

Emden, die älteste und größte Stadt Ostfrieslands, hat nach wie vor ihre Fühler in Hamburg. Die Elbmetropole übte vor langer Zeit erheblichen Einfluss auf die Stadt in Ostfriesland aus. Sie wurde durch einen Amtmann in Emden vertreten.

Im 15. Jahrhundert nämlich, im Juli 1433, eroberte Hamburg gemeinsam mit Bremen und im Bund mit dem ostfriesischen Häuptling Edzard Cirksena die Burg Emden.

Warum Emden zur Zielscheibe der Hansestädter von Elbe und Weser geworden war, lag auf der Hand. Die Seeräuber, die man mit dem gewaltsamen Ende des Klaus Störtebeker für immer erledigt zu haben glaubte, hatten in der Nordsee immer noch die Nase vorn, wenn es darum ging, Schiffe mit kostbarem Inhalt zu kapern.

Die Piraten, jedenfalls aus Sicht der Hansestädter, waren Ostfriesen. So erschienen ostfriesische Häuptlinge mit 120 Schiffen und 3000 Seeleuten sowie 280 Wagen und 4000 Kriegsknechten an der Wesermündung. Ziel dieses Aufmarsches war offenbar das Stadland, was sich aber die Bremer nicht bieten lassen wollten. Bremer Schiffe mussten notgedrungen am Stadland vorbei. Und nicht nur das: Eine Bremer Kogge, die auf dem Weg nach Bergen war, konnte einem friesischen Kaperschiff nur mit knapper Not entkommen.

Das Blatt wendete sich im Jahre 1431. Enno von Greetsiel und Graf Dietrich von Oldenburg verbündeten sich mit den Hamburgern und mit den Bremern. Sie vertrieben den Häuptling Focko Ukena aus Leer, und im Jahre 1433 fiel auch Emden. Die Gefahr durch Korsaren in der Nordsee war für die nächste Zeit gebannt.

Bremen, das mit inneren Schwierigkeiten zu kämpfen hatte, zog sich nach dem Fall von Emden aus Ostfriesland zurück. Die Hamburger blieben, und unter ihrem Einfluss entwickelte sich Emden, das um 800 als Wiksiedlung gegründet worden war, zur Stadt.

Doch froh wurden die Hamburger mit ihrer ostfriesischen Dependance nicht. Die Verwaltung der Stadt wurde ihnen zu teuer, sodass sie sich nach 20 Jahren von der Ems verabschiedeten.

Ihre große Zeit erlebte die Stadt Emden in der zweiten Hälfte des 16. Jahrhunderts. Damals pochten niederländische Religionsflüchtlinge an die Tore der Stadt. Sie wurden willkommen geheißen. Gleichzeitig litten die niederländischen Häfen durch den Krieg mit Spanien.

Damals, 1574 – 1576, entstand in Emden am Delft das Rathaus. Architekt war der Antwerpener Stadtbaumeister L. Steenwinkel, der damit eines der schönsten Renaissance-Rathäuser im norddeutschen Raum baute.

Das Rathaus wurde im Zweiten Weltkrieg zerstört. Es wurde nach dem Krieg in Anlehnung an die alte Silhouette wieder aufgebaut – ein schwacher Schatten, muss man leider sagen, des Originals.

Fünf Jahre nach dem Bau des Rathauses wurde Gerd Bolardus, Spross einer alten Reiderländer Häuptlingsfamilie, Mitglied der Emder Bürgervertretung, die sich als Gegengewicht zum gräflich gesinnten Rat gebildet hatte.

Bolardus, der in Rostock und Wittenberg studiert hatte, schwang sich zum militärischen Führer der Emder Revolution von 1595 auf. Die Bürgervertretung siegte und errang die Alleinherrschaft in der Stadt. So wurde Gerd Bolardus, dessen Harnisch noch heute in der Rüstkammer im Emdener Rathaus zu bewundern ist, Repräsentant der Größe und Selbstherrlichkeit der Stadt Emden im 16. Jahrhundert.

Die Blütezeit der Stadt dauerte nicht lange. Die Niederländer kehrten auf den Weltmarkt zurück. Emden rutschte ab, und als die Stadt zusammen mit dem übrigen Ostfriesland 1744 preußisch wurde, konnten die Emder Stadtväter vor Schulden nicht in den Schlaf finden.

Preußen wurde zum Glücksfall für Emden. Die Stadt erholte sich, und König Friedrich II. kam im Jahre 1751 nach Emden, um die Asiatische Handelskompanie zu gründen.

Schon ein Jahr später liefen die Emder Schiffer »König von Preußen« und »Die Burg von Emden« nach China aus. Sie kehrten mit kostbarer Ladung zurück, mit Tee, Seide und Porzellan.

Der Siebenjährige Krieg (1756 - 1763) machte alle schönen Hoffnungen kaputt. Die Asiatische Handelskompanie wurde aufgelöst, und auch sonst hielt sich König Friedrich nicht unbedingt an sein Wort. Der Krieg, wie das so ist, hatte für ihn Vorrang.

Nun gut, Preußen förderte Hafen und Stadt Emden. Doch die Emder Kaufleute erkannten, dass sie sich zunächst einmal selbst um ihre Angelegenheiten kümmern mussten. Sie schlossen sich 1763 zu einer Emder Kaufmannschaft zusammen und gründeten im selben Jahr eine Kaufmannsbörse.

Einer Gründung der Heringsfischerei stand man in Emden wegen des geringen Preises der Heringe aus Holland skeptisch gegenüber. Dann aber erfuhren die Emder unter der Hand, dass in Leer eine Heringsfischerei geplant sei. Da wurden sie munter und gründeten eine Heringsfangkompanie.

Noch heute heißt es: Der beste Matjes kommt aus Emden - auch wenn er inzwischen wieder von den Holländern gefangen und nach Emden verkauft wird.

Aber das haben die Emder gemeinsam mit den Bremen-Vegesackern. Auch Vegesack hält sich für eine Matjes-Hochburg - mit Matjes aus Holland. Eines muss man beiden lassen: Emden und Vegesack wissen, wo es in Holland den besten Matjes gibt. Das wissen zum Beispiel die Glückstädter nicht. Glückstadt an der Elbe ist ebenfalls eine Matjesstadt ohne Heringsflotte. Die Glückstädter beziehen ihre Heringe aus Dänemark und Norwegen.

Ostfriesland und damit auch Emden gehörte von 1815 bis 1866 zum Königreich Hannover, was sich nicht gerade vorteilhaft für Emden auswirkte. Hannover war weit weg, gefühlt noch weiter als Potsdam, was daran lag, dass Hannover mit Geestemünde einen Hafen an der Weser hatte, der Hannover näher lag. Aber die Emder Kaufleute ließen sich nicht unterkriegen.

Sie erlebten das Jahr 1866, da sie wieder zu Preußen gehörten. Und sie überlebten Preußen.

Heute gehören sie zum Lande Niedersachsen.

Emden, am nordwestlichen Rand der Republik gelegen, hat es nie leicht gehabt, sich zu behaupten. Daran wird sich kaum etwas ändern.

Am Ende aber wird – wenn man den Emdern glauben darf – alles gut.

Seit dem Jahre 1802 treffen sich Emder Bürger nämlich in einem Klub, der den Namen trägt: »Klub zum guten Endzweck«.

Es ist ein Name, der auf eine optimistische Einstellung zum Leben schließen lässt.

Wenn man so will: typisch ostfriesisch!

Der Weinkeller der Ostfriesen befindet sich in Leer

Weinhäuser gehören nicht unbedingt zu den ostfriesischen Stadtbildern. Der Ostfriese trinkt Tee, und wenn es aus medizinischen Gründen Alkohol sein muss, dann greift er zur Flasche Doornkaat.

Nehmen Sie das »Weinhaus« in Norden. Da wurde so lange Wein ausgeschenkt, bis die Stadtoberen dahinterkamen, dass man das Geld anderer Leute auch ohne den Umweg über einen Gastwirt kassieren kann. Das Weinhaus wurde in ein Finanzamt verwandelt.

Der Weinkeller der Ostfriesen aber, daran gibt es nichts zu deuteln, liegt in Leer - und zwar in der Rathausstraße.

Der Keller erstreckt sich vom »Haus Samson«, das 1643 im barocken Stil gebaut wurde, bis zum Hafen von Leer.

In diesem Keller lagern mehr als 900 Weinsorten aus aller Welt. Es dominieren deutsche Weine und Weine aus dem französischen Bordeaux.

Das Haus, das nach niederländischer Tradition einen Namen erhielt, nämlich Samson, gehört dem Weinhaus I. W. Wolff.

Samson ist eine Gestalt aus dem Alten Testament und ein Held des israelischen Stammes Dan aus der Richterzeit. Er war, solange er sein Haupthaar hatte, mit übermenschlicher Kraft ausgestattet.

Die Weinhandlung befindet sich in dem Haus seit dem Jahre 1800. Gründer der Firma war der Weinhändler Johannes Gross, dessen Tochter Cornelia Wilhelmine den zugezogenen Weinhändler Johann Daniel Wolff (1800–1852) heiratete.

Wein-Wolff ist Importeur, Großhändler und Einzelhändler. Außerdem betreiben die Wolffs eine Spirituosen-Fabrik und ein kleines Museum, in dem ostfriesische Wohnkultur lebendig gehalten wird.

Beim Öffnen der Tür des »Hauses Samson« ertönt eine altertümliche Glocke, und nachdem man das Haus betreten hat, fühlt man sich wie in einem Märchenladen: holländische Fliesen an den Wänden, historische Bilder und – Wein. Nicht nur Wein. Auch Brände, ostfriesische Spezialitäten. Aber vor allem Wein.

Die große Weinkarte beginnt mit dem Vers:

> Söte Melk is för de Kinner,
> Sure Melk is för de Swien,
> Water supen Peer un Rinner,
> Doch för us gaff Gott de Wien.

Die Karte enthält die Namen angesehener Weingüter.

Das »Haus Samson«, das von dem niederländischen Architekten Vingboom erbaut wurde, gehört zu den ansehnlichsten Häusern in der Altstadt von Leer. Sucht man nach dem genauen Baujahr, steht man ein bisschen im Regen. Die älteste Jahreszahl, 1560, befindet sich in einem Inschriftenstein (Er ist weise und hochgelehrt, der alle Dinge zum Besten kehrt). Das tatsächliche Baujahr steht darüber: 1643.

Die Giebelfront des Hauses besteht aus weißen in Muschelkalk gefugten Ziegelsteinen, mit einer Krönung aus kunstvoll gehauenem Sandstein. Es ist eine Steinmetzarbeit von Mönchen des Klosters Thedinga bei Leer.

Die Geschichte des »Hauses Samson« ist – wenn man so will – sehr »genüsslich« geprägt. Der erste Besitzer war ein Tabakwarenhändler, der zweite ein Kuchenbäcker, und dann kamen die erfolgreichen Weinhändler.

Wer sich heute irgendwo in Ostfriesland in einem Restaurant einen Wein bestellt, der darf damit rechnen, dass der Wein aus dem Hause Wolff stammt.

Die Ostfriesen, Teetrinker von Haus aus, haben nichts gegen ein Glas Wein aus »ihrem Weinkeller« in Leer, getreu dem Wort: »Doch för us gaff Gott de Wien«.

Was der liebe Gott gibt, kann so übel nicht sein.

Osterspiele auf dem Plytenberg

Der Plytenberg in Leer ist weit über die Grenzen der Stadt hinaus bekannt. Denn Berge sind in Ostfriesland selten.

Was heißt übrigens: Berge?

Der Plytenberg ist neun Meter hoch, und ein bisschen kränkt es die Leute von Leer schon, dass sie nicht wenigstens eine zweistellige Meterzahl nennen können.

Sie wissen sich jedoch zu helfen und sagen: »Unser Plytenberg hat einen Durchmesser von rund 80 Metern!«

Das ist doch was!

Es wird vermutet, dass der Berg einst als Grabmal für einen Fürsten aufgeschüttet wurde.

Es gibt aber auch andere Deutungen: Er sei, so heißt es, wegen seiner Lage im Mündungsgebiet der Leda in die Ems ein Seezeichen gewesen.

Andere wiederum sprechen von einem heidnischen Heiligtum, zumal auch die älteste christliche Kirche der Stadt in seiner Nähe errichtet wurde.

Noch heute spielt der Berg im Osterbrauchtum von Leer ein Rolle. Alljährlich werden dort die Osterfeuer abgebrannt, und traditionell werden Eier verkauft, bunte Ostereier, versteht sich, um die Farbenpracht des Frühlings symbolisch darzustellen.

Wenn man will, kann man die Eier »trullern« lassen oder sich andere Spiele mit ihnen ausdenken.

Jedenfalls war der Plytenberg am Ostertag ein beliebtes Ausflugsziel für Alt und Jung. Dort unterhielt man sich mit mancherlei Spielen, die uns zu einem, wie es in einer ostfriesischen Schrift heißt, »uralten Rest volkstümlicher österlicher Naturfeier aus heidnischer Vorzeit« führten.

Die Spiele mit Ostereiern sind in Ostfriesland von unterschiedlichem Charakter. Hier werden sie »gehickt«, dort mit einer Schleuder hoch in die Luft geworfen. Auf Norderney werden sie vom Deich gerollt. Die Norderneyer nennen das »Eiertrullern«.

Dabei singen sie:

>   Eiertrüllen – Sönndag
>   Hicken Bicken – Mandag
>   Upeeten – Dingsdag
>   Utpupen – Mittwäk

Ostfriesen lieben Aprilscherze

Der April kann machen, was er will, meldet der Volksmund.

Dabei geht es nicht nur um das Aprilwetter, obwohl es gerade in Ostfriesland ein unberechenbares und launenhaftes Wesen ist. Nun, nicht nur das Wetter im April.

Es geht vor allem um den Aprilscherz.

Es ist ja, wie wir wissen, üblich, Freunde, Verwandte und Nachbarn in den April zu schicken, sie zu foppen und zum Narren zu halten.

Das hat Tradition.

In Deutschland wurde im Jahre 1631 – also mitten im Dreißigjährigen Krieg – zum ersten Male ein Mensch in den April geschickt. Wir wissen nicht, um was es damals ging. Es muss sich aber als gelungener Scherz herumgesprochen haben.

Denn der Erfolg dieses Aprilscherzes überdauerte den Dreißigjährigen Krieg und weitere furchtbare Kriege. Er überdauerte die Jahrhunderte und setzte sich eben auch und vor allem in Ostfriesland fest.

Ein Nachbar raunt einer Nachbarin zu: »Stell dir vor, Klaas will seine Frau nicht länger haben.«

Die Nachbarin ist entsetzt.

»Mein Gott«, sagt sie. »Warum das denn nicht?«

»Dscha«, sagt der Nachbar und lässt die Nachbarin ein bisschen schmoren.

Dann sagt er: »Sie ist ihm lang genug.«

Bei einem Produktenhändler klopft jemand am 1. April frühmorgens, es ist noch stockfinster, ans Fenster.

Der Händler öffnet das Fenster und fragt nach dem Begehr.

Da sagt der draußen: »Baas, hier ist jemand mit einer Haut.«

»Moment«, sagt der Produktenhändler und kann gar nicht so schnell in die Hosen kommen, um draußen den Handel abzuschließen.

Er tritt vor die Tür und fragt den Mann, der vor dem Haus wartet: »Wo ist der denn mit der Haut?«

»Das bin ich«, sagt der andere. »Aber denk nicht, dass ich meine Haut verkaufen will. Die brauch ich noch.«

Am 1. April 1869 taten sich die Offiziere vom Piqueurhof in Aurich zusammen und gaben überall in der Stadt bekannt, dass nachmittags ein Schraubendampfer auf dem Trekfahrtskanal von Emden her in Aurich eintreffen werde.

Hunderte strömten daraufhin hinaus, um diese Sensation bestaunen zu können. Sie warteten allerdings vergeblich. Der Schraubendampfer kam nicht, und ehe einer darauf kam, dass es sich um einen Aprilscherz handele, fing es bereits an zu dunkeln.

An diesem Tag sollen die Leute von Aurich mit sehr viel Bier, Branntwein oder Likör ihren Ärger hinuntergespült haben.

Ein paar Tage später hatten die von Aurich zum Schaden auch noch den Spott zu tragen. Ein Dichter hatte sich eilig hingesetzt, um dieses Ereignis zu besingen:

> Aurich ist ein schönes Städtchen.
> Weil es an dem Hafen liegt,
> Drinnen gibts viel schöne Mädchen.
> Aber Schraubendampfer nicht.

Boßeln ist der Wintersport der Ostfriesen

Käpt'n Eilers sagte damals: »Wenn Sie boßeln wollen, kommen Sie nach Dornum. Da finden Sie immer Mitspieler. Aber denken Sie daran ...«, und bei diesen Worten bekam sein bärtiges Ostfriesengesicht einen verschmitzten Ausdruck, «... zum Boßeln gehört zwischendurch immer mal ein Klarer«.

Boßeln ist ein uralter ostfriesischer Wintersport.

Schon die alten Germanen sollen geboßelt haben. Aber das ist zeitlich weit weg. Außerdem ist es nicht dokumentiert. Denn die Germanen waren schreibfaul.

Spätestens um das Jahr 1500 gehörte Boßeln zum winterlichen Leben in Ostfriesland. Das jedenfalls ist vermerkt, wobei man damals von »botzelbanen« sprach.

Es wurde also nicht, wie heute, auf den schnurgeraden Straßen des Landes gespielt, weil es ja solche Straßen damals gar nicht gab. Es gab eben besondere Boßelbahnen.

Beim Boßeln wird heutzutage eine Holzkugel kilometerweit über die Straße getrieben. Wer für eine bestimmte Strecke die wenigsten Würfe benötigt, hat gewonnen.

Weil aber die Straßen in Ostfriesland von der Mitte her zu den beiden Seiten immer etwas gewölbt sind, landen die Kugeln oft in den Gräben links und rechts der Straße.

Aber das macht nichts.

Zu jeder ordentlichen Boßelgruppe gehören Spezialisten, die lange Stangen mit sich führen, an denen Körbe befestigt sind. Mittels dieser Körbe und eines geübten Auges – das ist unerlässlich! – finden diese Spezialisten jede Boßelkugel wieder, was schon deswegen nicht einfach ist, weil die Straßengräben im Allgemeinen kein klares Leitungswasser führen.

Es versteht sich, dass es in Ostfriesland Boßelturniere gibt, bei denen Vereine, ja, sogar Dorfgemeinschaften gegeneinander antreten.

Einer der regional »politisch« interessantesten Clubs ist der »Boßelclub von 1899«, der ein Band zwischen den etwas reserviert zueinander stehenden Städten Oldenburg und Bremen knüpft (von Ostfriesland ist in diesem Falle nicht die Rede).

Der Club hat seine Wurzeln in der Spar- und Leihbank in Oldenburg, die 1935 mit der Oldenburgischen Landesbank fusionierte.

Die Mitglieder des Clubs tagen einmal im Jahr einen ganzen Tag. Es wird getrunken und gegessen, und es werden »Büttenreden« gehalten, die nicht von schlechten Eltern sind.

Geboßelt wird natürlich auch.

Ein unabhängiger Beobachter will die Zeit des Boßelns bei 35 Minuten abgestoppt haben, woran man erkennen kann, dass Ostfriesen mit diesem Boßelclub, wenn überhaupt, dann nur am Rande zu tun haben. Ostfriesen boßeln länger.

Ostfriesen haben aber auch die Begabung, zu boßeln und gleichzeitig zu trinken.

Für auswärtige Autofahrer ist es einerlei, ob es sich auf den ostfriesischen Straßen um ein ostfriesisches, oldenburgisches oder Bremer Boßelturnier handelt. Sie sollten sich merken: Auf öffentlichen Straßen in Ostfriesland, auf denen Boßelturniere, von wem auch immer, veranstaltet werden, haben Boßelspieler grundsätzlich »Vorfahrt«.

Das Martinsfest galt als friesischer Karneval

Der Ostfriese Cirk Hinrich Stürenburg hat vor mehr als hundert Jahren das Martinsfest als »Friesischen Karneval« bezeichnet. Bis heute noch ist am Martinstag in einigen Orten in Ostfriesland immer noch Mummenschanz: Verkleidete Kinder ziehen nach Anbruch der Dunkelheit von Haus zu Haus und erbitten kleine Gaben.

Aber nicht überall verkleiden sich die Kinder. Vielerorts gehen sie mit einer Laterne durch die Nachbarschaft und singen, so wie es der Reformator Martin Luther als Kind getan hat.

Martin Luther war es auch, der an einigen Orten für eine Verschiebung des Martinstages gesorgt hat.

Allgemein ist der Martinstag der 11. November. Es ist der Tag des Heiligen Martin von Tours, der im 4. Jahrhundert lebte und mancherlei Wunder tat, wodurch er sehr populär wurde.

Als die Kirche ihn zum Bischof weihen lassen wollte, versteckte er sich. Er wollte kein Bischof sein.

Gänse verrieten ihn durch ihr Geschnatter. Dafür mussten sie bitter büßen.

Sie werden am 11. November als Martinsgänse in die Bratröhre geschoben, auf den Tisch gebracht und mit großem Genuss verzehrt.

Dieser Brauch wird in einigen evangelischen Gegenden am 10. November begangen. Eben das hängt mit Martin Luther zusammen, der an diesem Tag im Jahre 1483 geboren wurde.

Es soll hier aber nicht auf jene Vielfraße eingegangen werden, die am 10. November evangelisch und am 11. November katholisch sympathisieren oder umgekehrt. Man muss sich ja nicht zwei Tage hintereinander mit Gänsebraten vollstopfen. Aber man kann es.

Für die alten Friesen hatte der Martinstag – der 11. November – noch eine besondere Bedeutung. Sie feierten an diesem Tag ihr Erntefest. Sie sangen und tanzten und hielten sich an die kulinarischen Freuden des Lebens – es musste nicht immer gleich eine gebratene Gans sein.

Außerdem wurden am Martinstag Feldfrüchte – etwa Kürbisse – ausgehöhlt und ein Licht hineingestellt. Das Licht galt als Symbol der Sonne, der die Früchte ihr Gedeihen verdanken.

Beliebt war der Kippkappkögel, ein nach Art eines Kogels, wie früher die Bischofsmützen oder -kapuzen genannt wurden, geformter Lampion. Es war eine von einer Kerze erleuchtete ausgehöhlte Runkelrübe.

Martini ist im Übrigen ein wichtiger Merktag: Ist Martini Sonnenschein, tritt ein kalter Winter ein.

Viel besser und vor allem korrekter können es unsere heutigen Wetterpropheten auch nicht formulieren.

Der Klaasohm von Borkum wohnt unter dem Meeresboden

Der heilige Nikolaus, Schutzpatron der Seefahrer und der Kinder, wird nirgendwo in Deutschland so sehr verehrt wie in Ostfriesland. Ja, vielerorts in Ostfriesland ist das Sünnerklaasfest am 6. Dezember wichtiger als das Weihnachtsfest.

Am Nikolaustag ziehen die Kinder in allerlei Verkleidungen durch die Geschäfte, um zu singen und kleine Gaben zu erbitten. Nicht immer geschah das zur Freude der Erwachsenen. Kinder neigen leicht zu Übertreibungen, die etwa in Emden einem gestrengen Rat die Haare zu Berge stehen ließen.

Am 30. November 1667 schritt er gegen die vom »Papsttum hinterbliebene Gewohnheit, die Kinder mit Gebäck und anderen Gaben zu beschenken, ein«.

Aber die Liebe zum Nikolaus und die damit verbundenen Bräuche ließen sich die Kinder auch nicht von den hohen Emder Ratsherren nehmen.

Schon in den Tagen vor dem 6. Dezember begannen sie zu singen:

> Sünnerklaas, du gode Bloot,
> Geef mi 'n Stükje Sükkergood
> Neet so vööl und neet to min,
> Smiet mi 't man to d' Schösteen in.

Tatsächliche meldete sich der Sünnerklaas in manchen Häusern schon vor dem eigentlichen Festtag. Die Kinder wurden durch kleine Gaben, wie Zuckerwerk, beglückt, die nachts entweder durch den Schornstein geworfen oder in einem versteckten Winkel des Hauses hinterlassen wurden.

Im Übrigen hatten die Erwachsenen am 6. Dezember auch ihr Vergnügen. Daran hat sich bis heute nichts geändert. Sie treffen sich in Gastwirtschaften und in Geschäften zum Knobeln. Dabei geht es meistens um Nahrhaftes, häufig um eine Gans. Denn wer Weihnachten eine Gans auf den Tisch bringen kann, der beneidet sich fast selbst.

Nach wie vor ist es üblich, dass Kinder am Tage vor Nikolaus einen Teller unter das Bett oder ins Fenster stellen. Der Teller muss mit Grünkohl, Brot und Zucker gefüllt sein. Denn die Kinder wissen, dass der Schimmel des Sünnerklaas egal weg hungrig ist. Immerhin hat er einen weiten Weg hinter sich und muss obendrein den schweren Schlitten mit all den Leckereien ziehen, die der weißbärtige Sünnerklaas in seinem Sack mitbringt.

Was sich die Kinder von ihm wünschen?

Na, zum Beispiel lecker gebackene Klaaskerls, ohne die sich Ostfriesenkinder einen Nikolausteller gar nicht vorstellen können.

Nun gab und gibt es unter den Kindern Zweifler, die nicht mehr so recht an die Existenz des Sünnerklaas glauben wollen. Die Gewitzten unter ihnen harken am Abend den Boden rund ums Haus, um dem Nikolaus auf die Schliche zu kommen. Doch am nächsten Tag sind eindeutig Spuren von Pferdehufen in dem frisch geharkten Boden zu sehen. Anscheeten!

Immer noch groß im Geschäft ist Klaasohm auf der Insel Borkum. Die erwachsenen Männer gönnen sich am 6. Dezember nach alter Walfängertradition ein fröhliches Fest. Und die Kinder haben vor lauter Aufregung rote Wangen.

Für sie, für die Borkumer Kinder, lebt Klaasohm tief unter dem Meeresboden. Er unterhält dort eine Bäckerei und ist das ganze Jahr hindurch damit beschäftigt, Sünnerklaasgood zu backen.

An manchen Tagen, wenn man seine Nase am Nikolaustag in den frischen Nordseewind steckt, spürt man den leckeren Duft aus der Sünnerklaas-Bäckerei.

Im Puppkees steckte Trinkgeld für die Hebamme

Die ostfriesische Bohnensopp wird heutzutage gern ahnungslosen Fremden vorgesetzt. Und die Freude unter den Ostfriesen ist immer sehr groß, wenn eben diese Fremden verzweifelt nach den Bohnen suchen und Rosinen finden, die getränkt sind mit Alkohol.

Aber Bohnensopp ist im Allgemeinen kein Geheimtipp mehr. Wer in Ostfriesland war und Bohnensopp nicht probiert hat, der ist auch nicht in Ostfriesland gewesen.

Anders ist es, wenn die Rede auf Puppkees kommt. Puppkees ist nichts für die Fremden. Beides aber, Bohnensopp und Puppkees, hängt in Ostfriesland sehr eng mit der Geburt eines Kindes zusammen.

Die Kinder wurden früher ganz selbstverständlich zu Hause geboren. Gleich nach der Geburt war es üblich, dass sich die Nachbarsfrauen einfanden, um das Kind zu begutachten und die wichtige Frage zu klären, mit wem in der Familie es Ähnlichkeit habe. Bei dieser Gelegenheit gab es die heute so berühmt-berüchtigte ostfriesische Bohnensopp.

Dabei handelt es sich um in Branntwein eingelegte Rosinen, wobei auch mit Zucker nicht gespart wird.

Diese Bohnensopp wurde früher in einer silbernen Branntweinschale herumgereicht und mit dem Löffel gegessen, wie es heute noch üblich ist. Manchen Fremden ist das schon zum Verhängnis geworden.

Denn das Zeugs kann – wenn man zu viel davon gelöffelt hat – eine teuflische Wirkung zeigen.

Es war auch üblich, dass die Nachbarinnen zur Geburt des Kindes je eine Torte mitbrachten. Diese Torten wurden sofort gemeinsam aufgegessen. Probleme mit dem Gewicht kannte man in Ostfriesland nicht.

Vielerorts im Land wurde zur Geburt eines Kindes ein besonderer Kräuterkäse hergestellt. Er wurde Puppkees genannt und kam ebenfalls zur Feier des Tages auf den Tisch.

Hinterher steckte jeder Gast in den Rest des Käses – und ein Rest musste immer bleiben, so wollte es der Brauch – ein Geldstück: als Trinkgeld für die Hebamme.

Wo kommen die vielen Janssens her?

Die Besinnung auf das Althergebrachte macht sich immer wieder mal in den Standesämtern Ostfrieslands bemerkbar.

Junge Eltern wählen für ihre Kinder alte ostfriesische Vornamen, von denen es sehr viele und sehr schöne gibt.

Die alten Ostfriesinnen hießen Itje und Antje, Hieltje und Dortje, Hookje, Frauke, Ann und Hann. Die ostfriesischen Jungen liefen als Edzard und Onno, Hero, Ocko, Eggo, Ihmel, Keno, Willm, Eike und Harm durch die Welt.

Namen waren, wie fast überall in Deutschland, so etwas wie Erbstücke. Noch bis in unsere Zeit hinein war es in Ostfriesland üblich, das Kind nach einem der Großeltern zu benennen.

Mitunter allerdings hielten es die Eltern für klüger, dem Kind den Namen eines Erbonkels oder einer Erbtante zu geben. Und weil das meistens auch Ostfriesen waren, blieben die schönen alten Namen erhalten.

Wenn sich wirklich einmal Eltern entschlossen, ihrem Kind einen neumodischen Namen zu geben, dann wurde sofort unterstellt, dass der Name im Kalender gefunden worden sei. Wo sonst?

Kalender oder Bibel waren die einzigen Bücher, die – wenn überhaupt – gelesen wurden.

Eine besondere Entwicklung hat der Familienname in Ostfriesland genommen. Bis zur Franzosenzeit zu Beginn des 19. Jahrhunderts war es in Ostfriesland üblich, dass der Nachname eines Kindes aus dem Vornamen des Vaters gebildet wurde.

Hieß der Vater eines Jungen Harm Hinrichs, dann wurde der Sohn Hinrich Harms genannt oder Hinrich Harmsen, wobei das »sen« für Sohn stand.

Zu jener Zeit hießen viele Männer Jan. Und so sind die vielen Janssens zu erklären, die es heute im Nordwesten der Bundesrepublik gibt.

Aus jenen Tagen wird eine hübsche Geschichte überliefert, die Johann Onnen in seinem Buch »Wittmund im Laufe der Jahrhunderte« erzählt:

Ein Vater kommt zum Pastor, um seinen eben geborenen Sohn ins Kirchenbuch eintragen zu lassen.

Der Pastor fragt: »Wie soll das Kind denn heißen?«

Daraufhin antwortet der Vater: »Watse Meenen, Herr Pastor.«

Der geistliche Herr, noch nicht lange in der Gegend, guckte etwas irritiert und fragte: »Wieso? Ich kann Ihnen doch nicht vorschreiben, wie Sie Ihren Jungen nennen sollen. Nicht, was ich meine, ist wichtig, sondern was Sie meinen.«

Der junge Vater nickte zustimmend.

»Das soll wohl«, sagte er.

Es stellte sich heraus, dass er Meene Watsen hieß und seinen Sohn infolgedessen Watse Meenen nennen wollte.

Der Pastor, dem Hochdeutschen mehr verhaftet als dem Plattdeutschen, hatte den Namenswunsch des Vaters irrtümlich ins Hochdeutsche übersetzt.

Da war aus Watse Meenen ein »Was Sie meinen« geworden.

Ginge es nach den Ostfriesen, wäre »Bessensmieten« eine olympische Disziplin

Es gibt auch Fußballspieler in Ostfriesland. So ganz hinter dem Mond leben die Ostfriesen nicht, auch wenn andere Volksstämme das gern hätten.

Aber gegen die Popularität der typisch ostfriesischen Sportarten kommen Fußball und all die anderen modernen Sportarten nicht an.

Die Rede ist jetzt vom Boßeln, von Klootschießen, vom Pullstockspringen und vom Bessensmieten.

Wenn es nach den Ostfriesen ginge, dann wären all diese Sportarten längst olympische Disziplinen, und die Ostfriesen lägen vorn in der ewigen Goldmedaillentabelle. Denn im Boßeln, Klootschießen, Pullstockspringen und im Bessensmieten sind sie unschlagbar.

Beim Bessensmieten steht ein sogenannter Struukbessen, ein Reisigbesen, im Mittelpunkt des Geschehens. Es bilden sich zwei Gruppen, die mit dem Besen um die Wette werfen.

In Großefehn, im ostfriesischen Binnenland, wird diese Sportart noch gepflegt. Aber auch in anderen ostfriesischen Orten sieht man immer wieder Bessensmieter, ja, sogar am ammerländischen Zwischenahner Meer sind Bessensmieter gesichtet worden – in Verbindung mit einer Kohl- und Pinkelfahrt.

Aus einer alltäglichen Notwendigkeit hat sich das Pullstockspringen entwickelt. Dabei gilt es, mit einer langen Holzstange Entwässerungsgräben zu überspringen. Heute muss man das im Alltag nicht mehr, weil es überall Brücken gibt. Früher aber war das die bequemste Art, Gräben zu überwinden.

Boßeln und Klootschießen sind »Ball«-Spiele. Beim Boßeln, ebenfalls ein Mannschaftssport, wird, wie oben schon beschrieben, eine Pockholz- oder Hartgummikugel kilometerweit über möglichst unbelebte Straßen getrieben.

Beim Klootschießen wird eine bleigefüllte Holzkugel über den gefrorenen Acker geworfen. Diese Sportart wurde noch vor einigen Jahrzehnten in langen Unterhosen ausgetragen, weil man auf diese Weise die meiste Bewegungsfreiheit hatte. Heute gibt es beim Klootschießen keine Kleiderordnung mehr.

Wann arbeiten die Ostfriesen?

Ein Ostfriese hat unlängst in einer alten ostfriesischen Schrift einen Beitrag über die Bedeutung der Wochentage gefunden und ihn auch gelesen.

Während der Lektüre wurde ihm schlagartig klar, warum er sein Leben lang mit der Schwierigkeit zu kämpfen hat, einer geregelten Arbeit nachzugehen.

Der Montag ist für die Ostfriesen – wie auch für andere Volksstämme – kein vernünftiger Arbeitstag. Was am Montag begonnen wird, hat keinen Bestand. Am besten, man arbeitet am Montag überhaupt nicht.

Dienstag gilt als Tag des Kriegsgottes und als Gerichtstag. Dienstag versammelt man sich am Upstallsboom. An Arbeit ist dabei nicht zu denken.

Mittwoch ist Wotanstag. Wer am Mittwoch tatsächlich arbeiten will, der sollte Gerste säen. Es ist die Leibspeise für Wotans achtfüßiges Ross Sleipnix. Doch was ist, wenn einer keine Gerste hat, geschweige denn einen Acker, um darauf die Gerste zu säen? Dann ist es am besten, die Hände in den Schoß zu legen.

Der Gewittergott beherrscht den Donnerstag. An diesem Tag sollte man keine despektierlichen Arbeiten verrichten. Wer nicht weiß, was eine despektierliche Arbeit ist, fängt damit gar nicht erst an.

Der Freitag eignet sich, zu heiraten oder neue Pferde zum ersten Male anzuspannen.

Doch so viele Pferde leistet sich kein Mensch, um jeden Freitag neue Pferde anzuspannen, und so oft kann keiner heiraten, um alle Freitage auszufüllen. In solchen Fällen lässt man sich zu einer Hochzeit einladen.

Der Sonnabend schließlich ist ein Unglückstag. Es ist der Tag des Hausputzes und des Wirtshausganges - und beides kann Ärger bringen. Unser Ostfriese fürchtet sich vor dem Staubsauger und verdrückt sich stattdessen ins Wirtshaus.

Bleibt nur noch ein Tag, an dem er einer geregelten Arbeit nachgehen kann. Es ist der letzte Tag der Woche.

Das ist Sonntag. Und sonntags ist frei.

Der Regenschuur

Johann Haddinga und Theo Schuster erzählen in ihrem »Buch vom ostfriesischen Humor« die Geschichte von dem Handelsvertreter Harm, der nach einem langen und erfolgreichen Tag in einer Wirtschaft am Fehnkanal kräftig einen über den Durst getrunken hatte.

Als er sich auf den nächtlichen Heimweg machen wollte, spürte er, dass er sich nicht recht auf den Beinen halten konnte. Er schleppte sich hinter eine Gartenhecke und schlief ein.

Es dauerte nicht lange, da kamen vier andere Lokalbesucher an der Hecke vorbei. Sie blieben stehen und pinkelten über das Buschwerk hinweg.

Sie erschraken nicht schlecht, als sie aus der Dunkelheit plötzlich Harms entschlossene Stimme vernahmen.

»So«, sagte Harm. »Wenn die Schuur vörbi is, denn mutt'k ok na Huus.«

Klares Wasser für die Blumen

Jeder Mensch hat seine Fehler. Das galt auch für einen Küster in der Nähe von Leer. Er war nicht nur freundlich gegen jedermann, er war vor allem pflichtbewusst. Leider konnte er zum Kummer seines Pastors vom Branntwein nicht lassen.

Eines Morgens, es war noch ziemlich früh, besuchte ihn der Pastor, der ihm etwas Dienstliches mitzuteilen hatte, in seiner Wohnung.

Der Küster saß am Frühstückstisch unter anderem vor einem großen Glas mit einer klaren Flüssigkeit.

Dem Pastor fiel sofort das Glas auf. Er betrachtete es kritisch, guckte den Küster an, schüttelte den Kopf und meinte: »Sie soll'n sich schämen, am frühen Morgen schon Branntwein zu trinken.«

Der Küster tat, als habe er gar nicht begriffen, was der Pastor von ihm wollte. Dann aber bemerkte er den Blick des geistlichen Herrn auf das Glas.

Er zog ein unschuldiges Gesicht und sagte: »Och so, Herr Pastor, Sie meinen das Glas. Gut, dass Sie mich daran erinnern. Das hatte ich ganz vergessen!«

Er nahm es und sprach: »Das ist kein Branntwein, Herr Pastor. Das ist klares Wasser. Ich wollt' dscha bloß die Blumen damit begießen.«

Mit diesen Worten stand er auf und kippte den Inhalt des Glases in den Blumenkasten, in dem seine Frau Geranien zog.

Er soll hinterher den lieben Gott inständig gebeten haben, ihm diesen sündhaften Umgang mit dem kostbaren Branntwein zu verzeihen und die unschuldigen Geranien vor den schlimmen Folgen des Alkoholgenusses zu bewahren.

Ostfriesische Gemütlichkeit hält stets ein Tässchen Tee bereit

Man kann über die Ostfriesen sagen, was man will, auf eines verzichten sie nie. Denn: Ostfriesische Gemütlichkeit hält stets ein Tässchen Tee bereit.

Und damit auch der Fremde erkennt, dass er sich in Ostfriesland befindet, ist noch etwas für alle Ostfriesen verbindlich, nämlich die Art, wie der Tee serviert wird:

»Tee as Ölje, een Kluntje as'n Sliepsteen und Rohm as'n Wulkje.« Tee muss so dickflüssig sein wie Öl, der Kandis so groß wie ein Schleifstein, die Sahne wie eine luftige Wolke.

So lautet das Rezept:

In eine angewärmte Teekanne wird Tee gegeben. Für jede Tasse einen Teelöffel gehäuft voll, außerdem einen Teelöffel voll für die Kanne.

Das Wasser wird zum Kochen gebracht, darf aber nur ganz kurz »brusen« und wird dann über den Tee gegossen. Der Tee muss fünf Minuten ziehen. Danach wird er von unten her gut durchgerührt, damit sich die Gerbstoffe verteilen. Anschließend wird er durch ein Sieb in eine vorgewärmte zweite Teekanne gegeben.

Wenn der Tee nach dieser Prozedur nicht schmeckt, dann liegt es entweder am Wasser oder die Qualität des Tees lässt zu wünschen übrig. In Ostfriesland kann beides nicht angehen.

Eine Faustregel bei der Teezubereitung lautet: weniger Tee länger ziehen zu lassen, ergibt eine beruhigende Wirkung, mehr Tee kürzer ziehen zu lassen, eine anregende Wirkung.

Getrunken wird der Tee in Ostfriesland so:

Ein großes Stück weißen Kandis (Kluntjes) wird in die noch leere Tasse gelegt. Der Tee wird darübergegossen. Dabei knistert der Kandis gemütlich.

Nach dem Knistern wird die Sahne, der Rahm, mit einem speziellen Sahnelöffel in den Tee gehoben. Dosensahne ist verboten.

Alte Ostfriesen schwören auf Schafsmilch. Es gab Bauern, die sich ein Schaf eigens wegen der Milch für ihren Tee hielten.

Die Sahne breitet sich in dem Tee ganz langsam aus und entfaltet sich dabei wie die bereits zitierte zarte, weiße Wolke. Deshalb ist es nicht erlaubt, den Tee umzurühren.

Der Teelöffel auf der Untertasse ist nicht zum Rühren da. Er hat eine andere Bedeutung. Doch davon später.

Es ist gute Ostfriesenart, zunächst den bittern Tee auf der Zunge zu erleben und danach durch die sanfte Sahnewolke hindurch langsam zum süßen Grund der Tasse vorzudringen.

Im Allgemeinen werden in Ostfriesland jeweils drei Tassen hintereinander getrunken. Drei Koppje Tee! Ein Sprichwort heißt: »Dreemal ist Ostfreesenrecht«.

Wer nach der dritten Tasse keinen Tee mehr wünscht, stellt den Löffel in die Tasse. Deswegen ist der Teelöffel da. Bis zu den nächsten drei Tassen. Es wäre unhöflich, die Dreier-Reihenfolge nicht einzuhalten.

Im Übrigen wird der Tag in vier bis sechs Teepausen eingeteilt. Die Ostfriesen sagen dazu »Teetieden« (Teezeiten).

Den ersten Tee gibt es morgens nach dem Aufstehen, dann vormittags zwischen 10 und 11 Uhr. Man spricht von »Elführtje«.

Um 15 Uhr ist eine weitere Teepause, zu der gelegentlich Gäste kommen. Sollten Sie in Ostfriesland zum Tee eingeladen werden, gilt das normalerweise für 15 Uhr.

Eine wichtige Teepause liegt zwischen 20 und 21 Uhr, nach dem Abendbrot, das in vielen Haushalten aus Bratkartoffeln, Milchsuppe und Schwarzbrot besteht. Diese Teepause gilt als die schönste Teestunde.

Wer spät ins Bett geht, gönnt sich vor dem Schlafengehen noch außer der Reihe ein »Koppje«.

In Gegenwart eines Ostfriesen sollte man niemals von einem gekochten Tee reden. Schon gar nicht in Gegenwart einer Ostfriesin. Denn Tee kocht man nicht. Man brüht ihn auf.

Das gute Restaurant oder die gute Teestube in Ostfriesland erkennt man daran, dass – was eigentlich selbstverständlich sein sollte – zum Tee frische Sahne gereicht wird. Außerdem sollte der Tee auf einem Stövken (Stövchen) serviert werden, damit er heiß bleibt.

Es gibt, um noch einmal auf die Zubereitungsarten zurückzukommen, Ostfriesen, die den Tee nach fünf Minuten nicht abgießen. Sie rühren ihn um und lassen ihn weiter ziehen, bis die Kanne leer getrunken ist. Ein solcher Tee kann Kräfte entfalten, denen selbst starke Männer nicht gewachsen sind. Deshalb wird oft zusätzlich eine Kanne Wasser mitserviert, sodass der Tee verdünnt werden kann.

Doch wie immer man den Tee in Ostfriesland zubereiten mag – ohne Tee wäre das Leben der Ostfriesen nicht lebenswert.

An dieser Lebensauffassung hat sich schon König Friedrich der Große die Zähne ausgebissen. Er begann einen »Teekrieg« gegen die Ostfriesen, in dem er sie zwingen wollte, den Genuss von Tee, der ja eingeführt werden musste, einzuschränken und schließlich ganz sein zu lassen. Sie sollten lieber das heimische Bier trinken.

Der »Krieg« mit seinen königlichen Anordnungen, Maßnahmen und Strafandrohungen dauerte mehr als zehn Jahre und endete damit, dass die königliche Regierung weiterhin strenge Maßregeln ankündigte, die mit leeren Drohungen garniert wurden. Die ostfriesischen Stände aber erklärten sich unter diesem Druck bereit, das Thema Tee im Mai 1780 noch einmal ganz energisch auf die Tagesordnung zu setzen. Man wollte es ja mit dem König auch nicht verderben.

Mit diesem Versprechen der ostfriesischen Stände waren alle zufrieden. Der König, der das letzte Wort in diesem »Krieg« gehabt hatte, war ohnehin etwas müde geworden und klagte allenfalls darüber, dass ihm die letzten Zähne ausfielen. Und die Ostfriesen gaben sich mit dem verlorenen »Krieg« zufrieden und tranken über den Mai 1780 hinaus weiterhin ihren Tee.

Ähnliches galt während der beiden Weltkriege in der ersten Hälfte des 20. Jahrhunderts. Die Ostfriesen erhielten, wenn es um Tee ging, allemal Sonderzuteilungen, wenn auch – unter den Nazis – jämmerlich wenig.

Den ganzen Teezauber aber hat jene Kiste mit Teeblättern angerichtet, die – von einem gesunkenen britischen Segler stammend – als Treibgut an der ostfriesischen Küste landete.

Die Ostfriesen konnten mit dem Kraut zunächst wenig anfangen. Dann bereiteten sie die ihnen unbekannten Teeblätter wie Kohl zu, der ihnen aber nicht schmeckte. Auf ihren Feldern wuchs besserer Kohl. Erst später kamen sie dahinter, dass Tee ein Getränk ist.

Der Journalist und Schriftsteller Johann Haddinga meint allerdings in seinem »Buch vom Ostfriesischen Tee«, dass die Ostfriesen den Teegenuss Mitte des 17. Jahrhunderts von ihren holländischen Nachbarn übernommen haben. Wobei es zunächst nur den Begüterten möglich war, sich Tee zu leisten.

»Sicher ist auch«, so schreibt Haddinga, »dass Ärzte und Apotheker in Ostfriesland in der zweiten Hälfte des 17. Jahrhunderts über die Wirkung des Getränks informiert waren, denn es hatte bereits damals einen Ruf als Genussmittel und als Medizin. So kaufte man Tee lange Zeit außer beim Gewürz- oder Kolonialwarenhändler beim Apotheker, später auch in den gegen Ende des 19. Jahrhunderts aufkommenden Drogerien.«

Der Ostfriesentee war ursprünglich ein grüner Tee von der japanischen Insel Hirado. Erst nach und nach setzte sich der schwarze Tee durch. Dabei ist es geblieben.

Eine »Ostfriesische Mischung« besteht nach Haddinga aus bis zu 20 Sorten Tee. Nach einer Information des Deutschen Teebüros besteht die »Ostfriesenmischung« im Wesentlichen aus Assam- und Sumatra- oder Java-Tee.

Wer Tee trinkt, der muss Tee auch schreiben können.

Das jedenfalls sagte sich ein Lehrer in Ostfriesland. Er bemühte sich, den Schulanfängern das Wort Tee schreibgerecht beizubringen.

Zunächst allerdings sollten die Kinder selber auf das Wort kommen.

Der »Meester«, wie in Ostfriesland die Lehrer genannt wurden, fragte, was die Kinder denn zu trinken bekämen, wenn sie durstig seien.

Die Antworten lauteten: Milch, Wasser, Brause – das gesuchte Wort fiel nicht.

Da wandte sich der Lehrer an den Pfiffigsten. Er fragt: »Na, mien Jung, watt hett Modder den morgens in't Treckpott?«

Da sagt der Pfiffige ahnungslos: »Schnaps. Meester!«

Der Autor

Hermann Gutmann, in Bremerhaven geboren, war lange Zeit als Redakteur in Bremen und Hamburg tätig und arbeitet seit 1985 als freier Journalist und Autor. Fast 50 seiner Bücher sind bei der Edition Temmen lieferbar, darunter die Titel »Krabben, Kohl und Knüppeltorte. Tafelfreuden im Nordwesten zwischen Ems, Weser und Elbe«, »Oldenburger Geschichte(n)« und »Wenn wir unsere Oma nicht hätten. Kleine Geschichten von Großmüttern«.

Hermann Gutmann in der **EDITION TEMMEN**:

Bremer Bräuche ISBN 978-3-86108-156-2	7.90 €
Bremer Freimarkt ISBN 978-3-86108-170-8	8.90 €
Bremer Geschichte(n) ISBN 978-3-86108-158-6	8.90 €
Bremerhavener Erinnerungen ISBN 978-3-86108-166-1	8.90 €
Bremerhavener Geschichte(n) ISBN 978-3-8378-1103-2	9.90 €
Die Böttcherstraße ISBN 978-3-8378-1103-2	9.90 €
Der Ratskeller zu Bremen ISBN 978-3-86108-191-3	5.00 €
Ehe-Geschichten ISBN 978-3-86108-152-4	8.90 €
Ehe-Geschichten (Hör-CD) ISBN 978-3-86108-994-0	9.90 €
Ehe-Geschichten (Hör-MC) ISBN 978-3-86108-162-3	4.90 €
Felix, seine liebe Frau Moritz und andere Leute ISBN 978-3-86108-167-8	8.90 €
Felix und die alltäglichen Dinge ISBN 978-3-86108-150-0	5.00 €
Geschichten aus dem Radio ISBN 978-3-86108-159-3	9.90 €
Geschichten aus dem Schnoor ISBN 978-3-86108-161-6	8.90 €
Gute Besserung! ISBN 978-3-86108-197-5	9.90 €
Gute Reise ISBN 978-3-86108-998-8	9.90 €

Hamburger Bräuche ISBN 978-3-8378-1105-6	9.90 €
Hafen-Geschichte(n) ISBN 978-3-86108-195-1	9.90 €
Hamburg schmunzelt ISBN 978-3-86108-190-6	9.90 €
Hamburger Geschichte(n) ISBN 978-3-86108-198-2	9.90 €
Hamburger Sagen ISBN 978-3-86108-349-8	9.90 €
Hamburger Weihnachtsgeschichten ISBN 978-3-86108-072-5	9.90 €
Herr Ober, der Tisch wackelt! ISBN 978-3-86108-404-4	9.90 €
Hochzeit machen, das ist wunderschön ... ISBN 978-3-86108-999-5	9.90 €
Kieler Geschichte(n) ISBN 978-3-86108-990-2	9.90 €
Kohl-und-Pinkelgeschichten ISBN 978-3-86108-175-3	9.90 €
Krabben, Kohl und Knüppeltorte Tafelfreuden im Nordwesten zwischen Ems, Weser und Elbe ISBN 978-3-8378-1100-1	14.90 €
Lauter kleine Unterschiede ISBN 978-3-86108-991-9	9.90 €
Mit vollem Munde spricht man nicht ISBN 978-3-86108-151-7	5.00 €
Oldenburger Geschichten ISBN 978-3-8378-1102-5	9.90 €
Opa-Pflichten ISBN 978-3-86108-155-5	8.90 €
Roland mit de spitzen Knee ISBN 978-3-86108-154-8	8.90 €

Roland schmunzelt ISBN 978-3-86108-350-4	9.90 €
Roland und seine Brüder ISBN 978-3-86108-173-9	5.00 €
Sagen aus Bremerhaven und umzu ISBN 978-3-86108-348-1	8.90 €
Sagen und Geschichten aus Bremen ISBN 978-3-86108-163-0	8.90 €
Sagen und Geschichten aus HB-Nord ISBN 978-3-86108-164-7	8.90 €
Schmunzelgeschichten ISBN 978-3-86108-165-4	8.90 €
Seemannsgeschichten ISBN 978-3-86108-172-2	9.90 €
Tünnermann geht in Rente ISBN 978-3-8378-1101-8	9.90 €
Verdener Geschichte(n) ISBN 978-3-86108-196-8	8.90 €
Was sich die Bremer am Herdfeuer erzählten ISBN 978-3-86108-351-1	9.90 €
Weihnachtsgeschichten ISBN 978-3-86108-168-5	9.90 €
Wenn Ostern und Pfingsten auf einen Tag fallen ISBN 978-3-86108-171-5	8.90 €
Wenn wir unsere Oma nicht hätten ISBN 978-3-86108-193-7	8.90 €
Worpsweder Geschichte(n) ISBN 978-3-86108-169-2	9.90 €